脳科学者が教える

子どもの自己肯定感は3・7・10歳で決まる

脳科学者

西 剛志《にし・たけゆき》

PHP

はじめに

今、日本をはじめとしてこの世界は時代が大きく変わろうとしています。

先日、私がランチで東京のあるお店に入ったときのことです。そのお店のスタッフはみな外国人で、日本人は誰ひとりとして働いていませんでした。ここは日本なのにまるで海外旅行に来ているように錯覚したのを今でも覚えています。

今、日本は世界の中でも高齢化が進んでおり、二〇四〇年には人口の五〇%が五五歳以上になると予想されています。労働力も不足するため、海外からの労働者も増え、社会は想像している以上に多様な価値観や文化が生まれる環境になっていくでしょう。

一説によると、これからＡＩ（人工知能）化が進むことによって、現在の職種の六五%がなくなるともいわれています（車の運転やスーパーのレジ打ちなど、単純な作業はほぼ自動化されることが予想されています）。

このような時代の流れの中で、子どもたちが生きていく未来は、親世代が育ってきた時代や社会の価値観が通用しなくなっていきます。

そのため最近は子育てで迷ったり、悩んだりしている方もとても増えてきました。私が講演会やカウンセリングでお会いする親御さんたちの中にも、「どのような力を身につけさせてあげればよいかわからない」とおっしゃる方が大勢います。

たしかにこれからは世の中が大きく変化していきます。けれども社会が人と人の結びつきでできている基本構造は変わりません。またＡＩによる変化の時代がやってきても、それを生き抜いていくために必要な力は今と大きくは変わらないのです。

その力さえしっかりと育てておいてあげれば、どのような時代になろうとも子どもたちは自らの力で人生を切り開き、人と上手につながりながら幸福に生きていくことができるでしょう。

その力とは何かというと、本書の大きなテーマである「自己肯定感」です。

自己肯定感は、幸福度や満足度の高い人生を送っていくうえでの土台です。これがしっかり育っていれば、自分の力でどのようにでも人生をつくりあげていくことができます。自己肯定感をベースに、これから一層大事になっていくといわれている創造力や困難を乗り越える力、コミュニケーション能力、セルフコントロール力など、「非認知能力」と呼ばれる力も高めていくことができるのです。

生きる力の出発点ともいってよい自己肯定感をどのように育んであげればよいかについて、本書では脳の発達と照らし合わせながらご紹介しています。

脳の力と心の力は切っても切り離せない関係にあります。脳を育てながら、心も育てていくことで子どもの中には揺るぎない自己肯定感が育まれていきます。そこを忘れずに、日々の子育てをぜひ楽しんでみてください。

本書が子育てに悩む多くの親御さんたちにとっての一助となれたら、これほどうれしいことはありません。

西　剛志

脳科学者が教える　子どもの自己肯定感は3・7・10歳で決まる　もくじ

第2章 脳がわかると子育て力も上がる！

第3章 脳の成長に合わせた自己肯定感の育て方

第4章

お母さんの自己肯定感を高める方法

第1章

すべての能力は自己肯定感で決まる！

自己肯定感は生きる力の源

自己肯定感って何？

自己肯定感という言葉を、ここ最近よく聞くようになりました。私も親御さんたちから「自己肯定感が大事と聞きますが、どうしたら子どもにそれをつけてあげられますか？」「自己肯定感が低いと何がよくないのでしょうか？」といった質問を受けることが増えています。

皆さんが気にされるように、子どもに自己肯定感をつけてあげることは、子育ての中でもイチ、ニを争う重要なテーマです。というのも、自己肯定感が高いか低いかは、子どもの人生に大きな違いとなって現れてくることが多いからです。

自己肯定感は人によってさまざまな定義がありますが、簡単にいうと「ありのままの自分を好きと思う気持ち」です。これがあることで自分を信頼し、「自分ならできる、やれる、大丈夫」と思うことができるようになります。ですから、やる気をもって何かに取り組んだり、挑戦したりしながら人生を生きていくときの大切なベースとなるもの、といってよいでしょう。

ところで、自己肯定感には自尊感情（自尊心）、自己有能感、自己効力感、自信など似たような言葉がいろいろありますね。使う人によって言葉の定義が違うことから、それらが混在して使われていることも多いので、なかには「何をもって自己肯定感なの？」と思われている方もいらっしゃるかもしれません。

とくに自己肯定感と自尊感情は区別のつきにくいところがあります。そこでまずは関係性を整理しておきましょう。

自信をもつことがいろいろな力の出発点

自分を信じて力を発揮していくには、自分に対してどのような気持ちをもっているかが影響します。

たとえば自分はできる、自分には可能性があると思えること。これは「自己有能感（セルフ・コンピテンス）」と呼ばれています。小さい頃からたくさんのことにチャレンジして、「自分はこんなこともできるんだ！」「自分の存在が役に立っているんだ！」という経験を重ねていくと「自己有能感」が育まれます。

それから「自分は何事も達成できる、乗り越えられる」と自分の力を信じられること。これは「自己効力感（セルフ・エフィカシー）」といわれています。

そして自分を敬い、大事に思い、好きになれること。これが「自尊感情（セルフ・エスティーム）」です。自尊感情は心理学で使われる言葉で、よく耳にする「自尊心」もこれと同じものです。ちなみに本書ではこれ以降、多くの方の耳に馴染みのある自尊心のほうを使っていきたいと思います。

「自己有能感」「自己効力感」「自尊心」は、いずれも自分の能力を発揮してポジティブに生きていくうえで欠かせないプラスの意識・感情です。

その土台となっているのが自己肯定感なのです。自尊心と自己肯定感の関係も、自己肯定感が根っこにあることで自尊心がもてると理解しておいてください。

子どものときに自己肯定感が育まれる子育てを大事にしていくと、それをベースに子どもの可能性や能力がどんどん花開いていきます。いろいろなことにやる気をもって取り組んでいけるようになるので、学習能力の向上、運動能力の向上にもつ

ながっていきますし、この先のＡＩ時代を生き抜いていくために必要とされている創造力やコミュニケーション能力など「非認知能力」と呼ばれる能力も身についていきます。

人生を幸福にするうえで欠かせない生きる力や能力、こうしたものの出発点になるのが自己肯定感ということなのですね。

実際に、トップアスリートとして活躍している人、ビジネスで成功している人、芸術家や建築家やクリエイターなど、好きな道を進んで、なおかつそれぞれの分野で社会的に認められている人たちに自己肯定感の低い人はあまりいません。このことからも、自己肯定感が人生をつくっていくうえで大切なものであることがわかります。

キーワードは「あるがままの自分」

自己肯定感は「ありのままの自分を好きと思う気持ち」と言いましたが、もう少し正確に定義すると、「自分を客観的に分析し（あるがままに見て）、肯定できる力」ということになります。ここでの大事なキーワードは「あるがまま」です。

自分のよいところを受け入れるのは、自分を好きになるための基本です。けれどもそれだけだと〝浅い自己肯定感〟で終わってしまいます。

よいところもダメなところもすべてあるがままに受け入れて、自分を認め、自分を好きになる。そうした〝深い自己肯定感〟をもっていることが、人生をよりよいものにしていくには必要なのです。

何でもプラスに捉えていくことが自己肯定というイメージもありますが、よいところだけしか受け入れずにマイナス面には目をつむるとなると、自分のダメな部分に直面したときに、大切な土台がグラグラと揺らいでしまいます。

たとえば、自分のことが大好きで、周囲に構わず自己中心的な振る舞いをしてしまうような自己愛の強さは、自尊心が間違った方向に発揮されている状態です。

自分のよいところだけが好き、ダメなところがある自分は好きじゃないといった自己肯定のもち方をすると、自分のいい面しか評価せず、自尊心が肥大して「自分だけが偉いのだ」といった振る舞いをするようになりかねないのです。

また世の中には、尊大な態度をとりたがる人もいます。尊大な態度は優越感の表れですが、じつは優越感の正体は劣等感です。劣等感を隠すために尊大な態度をとり、自分をやたら大きく見せようとするのですね。劣等感は、自分のダメなところをダメなものとして受け入れたくない気持ちから生じるものです。これもつまりは〝深い自己肯定感〟がもてていないところからきているのです。

マイナスの部分も自分の一部と思えなければ、本当の意味で自分を好きになることはできません。すると健全な自尊心やプライド、自己効力感、自己有能感といったものも生まれにくくなります。

ダメなところも受け入れる力があってこそ、丸ごとひっくるめて自分という存在を全肯定することができるのです。

あるがままの自分を認め、好きだと思えることで、人は力強く成長していくことができると考えていただくとよいでしょう。

自己肯定感が高いと心が折れにくい

自己肯定感が高ければ高いほど、自分を好きになるレベルも上がっていきます。自分を好きでいられることは、幸せに生きていくためのベースです。

自分を丸ごと受容できると、自分に対する深い信頼感から、少しのことではくじけない、折れない心をもつことができます。

折れない心のことを専門用語で「レジリエンス」といいますが、レジリエンスの高い人は、挫折や逆境、ピンチ、トラブルといった物事に遭ったときでも、柔軟に切り抜けたり、はね返したりすることができます。落ち込んでも、その状態から自力で回復していく回復力ももてるようになります。

こうしたしなやかで、簡単には折れない心の土台となっているのも、ダメなところまで含めて自分を受容できる〝深い自己肯定感〟なのです。

弱いところや欠点がある自分であっても自己否定せずに、あるがままの自分の価値を認められることは、レジリエンスを高めるうえで非常に重要であることも、ぜひ知っておいてください。

自己肯定感は脳も活性化させる

心の状態は脳の働きとも結びついています。自己肯定感が低い人は、どうしても自分を責めたり、自分をよく見せようとしたりして心が緊張状態におかれやすくなります。心が緊張状態にあると、脳の活性が悪くなって本来の働きをすることができなくなります。そのためさまざまな能力の発揮にも支障が出てきてしまいます。

私はアスリートのサポートもしていますが、アスリートの中でも真剣にやり過ぎる人ほど本来のパフォーマンスが発揮できないといった状況がよく見られます。真剣になり過ぎることで気持ちが緊張状態に陥り、脳が機能しなくなって本来のパワーが発揮できなくなるのです。

脳が最もよく働いてくれるのはリラックスした状態にあるときです。さらに目の前のことを楽しむ気持ちがあると、より力を発揮してくれます。

脳の働かせ方として理想的ともいえるのが、人類史上最速のスプリンターと称されたジャマイカの陸上選手ウサイン・ボルトさんでしょう。無理せず、自然体で、ときに笑顔を見せながら走り抜け、短距離のオリンピックレコードを次々と塗り替えていったことは記憶に新しいところです。決勝であってもあまり緊張を感じさせず、むしろその場を楽しんでいるような印象さえありました。

私がお会いしてきた実業家たちを思い返しても、肩の力がいい具合に抜けて、仕事を心の底から楽しんでいることが伝わってくる方ほどうまくいっています。成功している人ほど、自然体で自分をつくろうなどせず、あるがままの自分を大切にし、自分自身を信頼している方が多い印象です。そこが脳にもいい作用を及ぼし、斬新なアイデアを生み出す発想力や創造力につながっているのでしょう。

リラックスして楽しんでいる状態にあるとき、脳の中にはセロトニンという脳内物質が分泌されています。セロトニンには感情や気分のコントロール、精神の安定を保つ、やる気や集中力を持続させるといった働きがあります。ですからセロトニンが分泌されると脳内が活性化して、脳のもつ力も引き出されやすくなるのです。

自己肯定感が低いと、常にネガティブな気持ちになりやすく、セロトニンの分泌量も減っていきます。すると、ますます自己否定の気持ちが強くなるといったよくない循環に陥り、脳の力もますます落ちていきます。脳の力を高めるためにも自己肯定感は高いほうがよいのです。

自己肯定感があると幸福度も上がる！

自己肯定感は人生の質に関係する

自己肯定感の重要性は世界的にも注目されています。これがあるかないかで、自分を誇りに思い、自分を信頼する自尊心のもち方に影響し、備わっている能力の発揮にも違いが出てきてしまうからです。ひいては社会的成功にも影響してきます。

ここでいう社会的成功とは、単純に地位や名誉や経済的成功を手に入れるということではなく、幸福度や満足度の高い人生を送ることができるという意味です。たとえば、人とのコミュニケーションやパートナーシップがもてて、仕事や収入面でそれほど困ることがなく、自分がやりたいと思うことを実現できるような生き方ができたら、幸福度や満足度も高くなっていきますね。

自己肯定感は自分がどんな人間であるか、自分の価値をどう判断するかといった

自己肯定感の低い人	自己肯定感の高い人
● 人の評価がないと不安を感じる ● 物事を否定的に見やすい ● 自信がなく、不安や恐れをもちやすい ● 自分を正当化しないと不安 ● 人の意見に振り回される ● 主体性が低く人に決めてもらいたがる ● 他者に対して批判的になる	● 周りや人の評価に振り回されない ● 感情が安定している ● 自分を信じることができる ● 自分を尊重し、人も尊重できる ● 自分の人生を主体的に決められる ● 問題解決力がある ● 失敗を成長の糧にできる

際の自己評価をつくる元です。もし自己肯定感が低いと、常に「自分は何をやってもダメな人間だ」「自分には無理」などの負の感覚をもち続けることになってしまいます。

自信がないと、人の目で自分を評価することになります。人間関係に悩んで心の健康を損なったり、自分の可能性を広げられるチャレンジにしり込みをしてしまったり、人生を意欲的に生きることが難しくなってしまいがちです。

反対に自己肯定感が高いと、自信をもって主体的に自分の望む生き方ができるようになります。自分を尊重するように他者も尊重できるので、人間関係での悩みも少なくなります。

自己肯定感が高いと人生の質が向上することは、いろいろな研究でも明らかにされています。

たとえばアメリカの研究では、幸福度が上がると創造性が三倍アップし、生産性も平均で三一％アップすることがわかっています。すなわち自己肯定感の高い人は幸福度が高く、仕事のパフォーマンスも向上するということです。これは仕事において成功する率がそれだけ高くなっていくということです。

子どもの場合はどうでしょうか。これに関しては自信のない子どもに自信を与えるようにすると、学習能力が六〇％改善したという報告があります。また自分は何でもできるというイメージ訓練を二五時間続けると、勉強をさせなくてもＩＱ（知能指数）が二〇アップするという米国サウスウェスト大学の研究もあります。

自己肯定感を育てることは、将来をつくる力も育てていくことになるのですね。

日本の子どもたちは自己肯定感が低い!?

けれども残念なことに、日本の子どもたちの自己肯定感は世界の中でも高いほうではありません。これに関してもいろいろな調査が行なわれており、国際比較でいうとちょっと心配な結果になっています。

二〇〇五年のデータになりますが、世界五三カ国を対象に自己肯定感を調べた調査研究（Schmitt&Allik, 2005）によると、最も自尊心が低い国が日本でした。

内閣府が定期的に行なっている国際比較調査でも、日本の子ども・若者の自己肯定感の低さが表れています。二〇一八年度「子供・若者白書」の国際比較調査を見てみましょう。日本・韓国・アメリカ・イギリス・ドイツ・フランス・スウェーデンの七カ国で、一三〜二九歳を対象に実施されている意識調査のデータです。

自己肯定感と関わりのある「自分自身に満足している」「自分には長所がある」の二つの設問に対して、「そう思わない」「どちらかといえばそう思わない」の否定的な回答は、どちらも日本が最多です。

とくに「自分自身に満足している」では、日本以外の六カ国のいずれも八〇％前後が満足していると回答したのに対して、日本は約四五％しかいません。言い換えれば半数を超える五五％がそう思っていないという結果になっています。次に否定的な回答が多かったのは韓国の二六・五％ですから、日本の結果はダントツです。これはなかなか衝撃的といっていいかもしれません。

自分自身に満足している

諸外国との比較

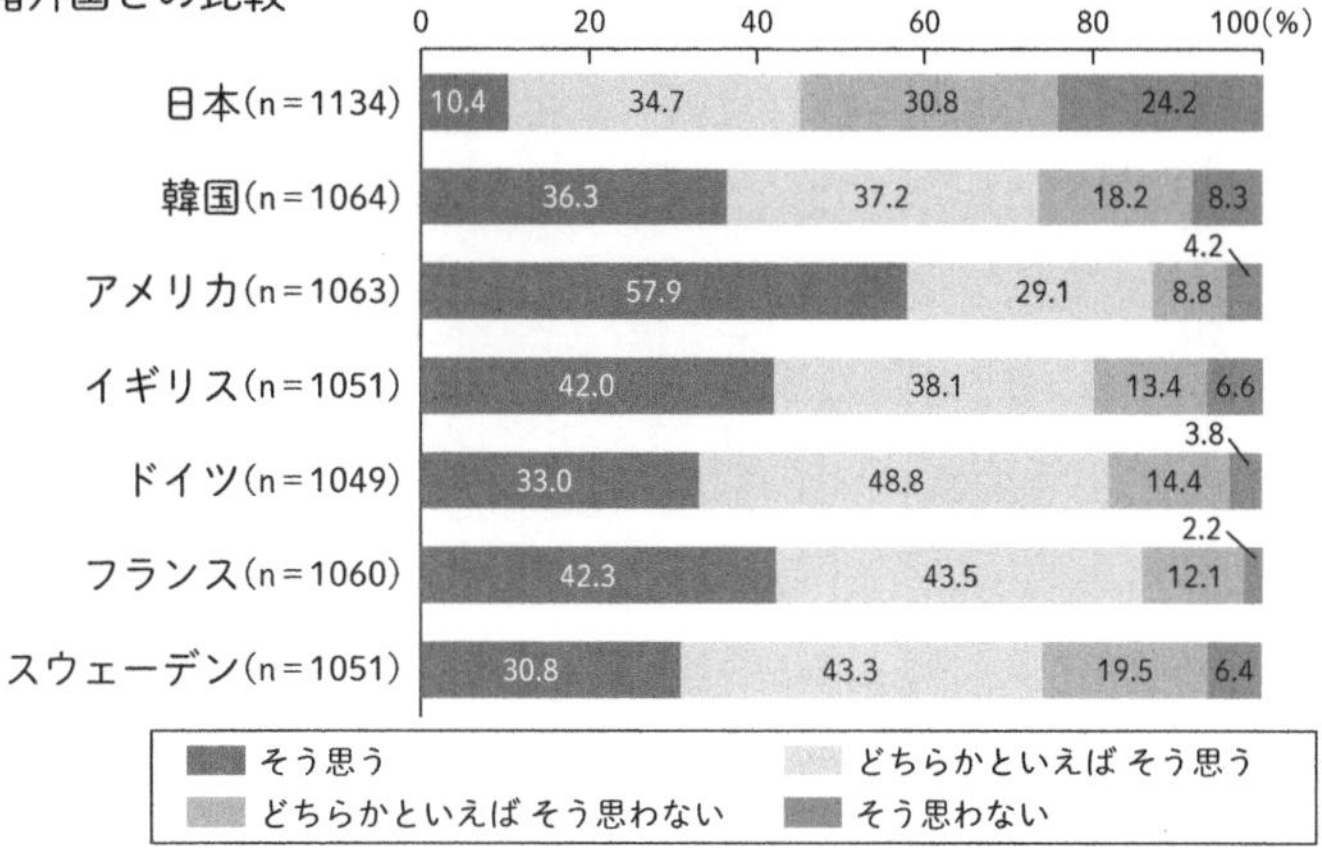

自分には長所がある

諸外国との比較

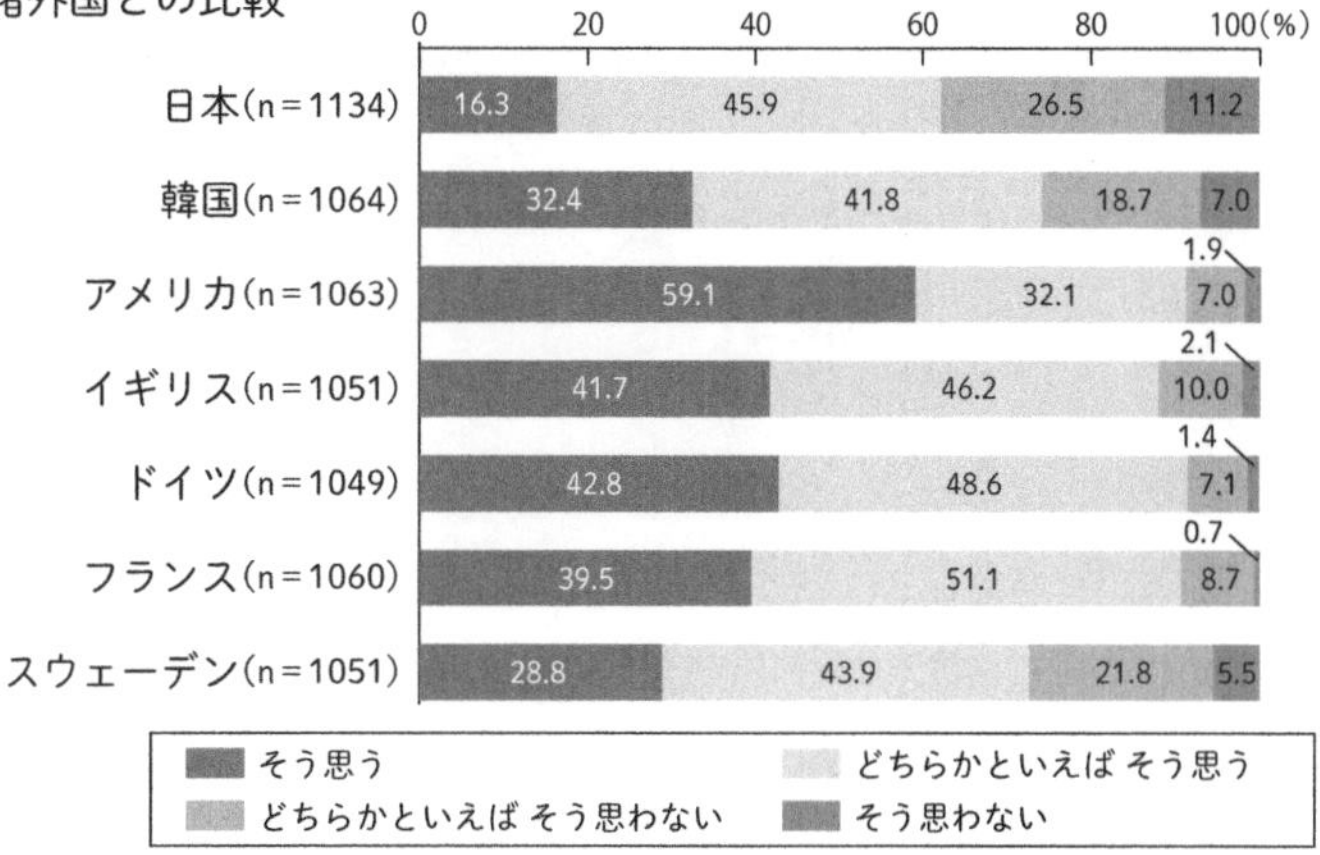

内閣府：平成30（2018）年度「我が国と諸外国の若者の意識に関する調査」

私は学校関係の仕事もさせていただいていますが、日本の子どもたちの自信のなさがわかる一例として、英語でのコミュニケーションを怖がるといった話がありま す。子どもたちを海外に連れて行くと、現地の生徒と話せない、コミュニケーションをとろうとしないという話を先生方からお聞きすることが少なくないのです。

海外の子どもたちが言葉の壁を超えて相手とコミュニケーションをとろうとするのに対し、日本の子どもたちはなかなかそれができないといいます。

日本人はシャイだからということもできますが、理由はそれだけでもないように感じます。自信がもてないことで、人や周りの目を気にしてしまい、自ら進んで行動を起こすことができないのも一因なのでしょう。とすれば英語のスキルをつけるより先に、まずは自信をもたせてあげられるような教育が大事になってきます。

日本の子どもたちの自己肯定感の低さは教育の場でも問題視されていて、今は国をあげて教育改革に取り組み始めています。ただし自信がもてる子にしてあげるスタートは、やはり家庭での子育てです。

とくに幼児期に自分を大切にする気持ちを育ててあげることはとても大切です。それには親から認められているという実感をもたせてあげることが先決です。

自信がないと自己承認欲求が強くなる？

スマートフォン（以下、スマホ）の急速な普及で、人とのコミュニケーションの大半をSNSが占めるようになってきました。

スマホは便利なツールである反面、依存することによる弊害も無視できなくなってきています。SNSへの依存についてはその危険性もすでに指摘されており、米国のピッツバーグ大学医学部の研究チームは「SNSの利用頻度が高い人は、低い人と比べてうつ病になるリスクが二・七倍上がる」とし、同じく米国のミシガン大学の研究チームも「フェイスブックの利用が増えれば増えるほど、主観的幸福感を低下させる」という研究論文を発表しています。

ツイッターにしてもフェイスブックにしてもインスタグラムにしても、SNSと呼ばれているサービスは、誰かに「いいね」を押してもらうことが喜びになります。この喜びは、誰かに認めてもらったという喜びです。

社会的に認められたい気持ちは人間の本能です。人は社会や集団の中で生きていく生き物ですから、その中で認められることは自分の存在を守ることにもつながります。けれどもそれが行き過ぎて、人から関心をもってもらえないと不安になる、満たされない気持ちになるのは問題です。

誰かに認めてもらいたい、自分の存在を承認してほしいという心理的欲求を「自己承認欲求」といいます。

自己承認欲求は、最初に親から存在を認められることで満たされていくものなのですが、そこが十分でないと自分で自分を認めることができにくくなり、自信がなく何事にも受動的で、自分で自分を満たすことができないため、判断が他人軸になってしまう、このような主体性をもてない人になっていきかねません。

自己肯定感をつくるものには二種類あります。ひとつは「自分の内面で自分を認める力」、もうひとつが「外側から認められること」です。どちらが欠けても健全な自己肯定感はもてません。

自分は自分に満足しているけれど、人からまったく認められないとなれば、自信がもてなくなりますし、他人の評価がことさら気になってしまうでしょう。自己承認欲求を満たしたいがために、どんどんＳＮＳに依存していくようなことにもなりかねないといえます。

あるいは「自分はこんなにすごいのに周りがそれを認めない」と感じることで、他者の意見を聞くことができない、他人をジャッジする、自分を正当化しないと不安といった自己中心的な側面をもつようになる可能性もあります。

これは私自身の話ですが、私は父からほめられたことがほとんどありませんでした。ほめられたくて勉強やいろいろなことをがんばってやったのですが、そのプロセスも結果も認めてもらうことができなかったことが多々ありました。成長するにつれ、ほめられたい気持ちは怒りに変わり、「それなら親を超えて見返してやろう」という気持ちが強くなって、二〇代の頃までは地位や名誉ばかりを求めていました。そのため思い返しても恥ずかしくなるほど自己中心的な人間だったように思います。

もちろん今は心を入れ替えています。父との関係も良好で、会えばお酒を酌み交わしながらいろいろな話もしていますが、自分の経験からしても、親からの承認がいかに子どもの心の成長や、生き方をつくる源として大事かを痛感するのです。

「自分の内面で自分を認める力」と「外側から認められること」の二つを歯車にたとえると、歯車を両方ともスムーズに動かすためには、まず「外側から認められること」が必要になります。誰かから認められた経験や思いがスターターとなって、自分を肯定的に認められるようになっていくからです。

最初に外側から子どもの存在を認めてあげられる「誰か」は保護者しかいません。その多くは親御さんたちです。

自己イメージをつくるのは言葉の力

乳幼児のときから「あなたはやさしい子ね」「あなたはがんばりやさんね」など自分が認められている、大切にされているというメッセージを親から受け取ってきた子は、「自分はやさしいんだ」「自分はがんばりやなんだ」という自己イメージをもつことができます。自分に対してよいイメージをもてるようになれば、自己を肯定する気持ちももつことができるようになります。

でも、もし親からのメッセージがマイナスメッセージばかりだったらどうでしょうか？「あなたは何もできない子ね」と言われ続けていると、その子の自己イメージは「自分は何もできない人間」になってしまいます。自分に対して否定的な思いが強くなり、自信も失われてしまいます。

赤ちゃんにはまだ自分がどういう人間かといった自己イメージはありません。ですから、乳幼児のときから親がどのように言葉をかけ、働きかけてあげるかは本当に大事なのです。自分がどのような人間かという自己イメージの大半は、言葉によってつくられるからです。

大人も、たとえば誰かから「あなたはハキハキしていて人との関係づくりが上手ね」と言われて、その言葉から自己イメージが変わることなどがありますね。大人でも影響を受けるのですから、子どもの場合はなおさらです。

しかも子ども時代にもった自己イメージは、その後の思考・行動パターンや意欲のもち方などにも影響を及ぼします。言葉のもつ力は私たちが思う以上に大きいものです。ぜひ「自分はできる」「自分には可能性がある」と前向きに思えるような自己イメージをもたせてあげてください。

言葉が脳のスイッチを入れる

ところで皆さんは、私たちが朝起きてから夜眠りにつくまでの間、どのくらいの言葉を発しているかご存知でしょうか？

実際に口から発している言葉、そして心の中でつぶやいている言葉まですべてカウントしてみると、平均は五万～六万語といわれています。

そしてここが重要なのですが、声として出した言葉も、心の中のつぶやきも、脳はすべてキャッチしています。

声にしろ心のつぶやきにしろ、「こんなこともできないなんてダメな人間だ」「どうして自分は意気地なしなんだろう」といった、自己を否定するようなマイナス言葉を使うと、それが脳に入り、脳内で「していない姿」「できていない姿」がイメージされて自己イメージとして定着してしまいます。その結果、実際の自分もそのようになっていってしまいます。

言葉が脳に作用していることは脳科学でも明らかにされています。

たとえば何かに押されるなどして、それに抵抗しなければならないような状況のとき、「自分は弱い」と言いながら抵抗すると押し返すことができないのに、次に「自分は強い」と言いながらやると、ラクラク押し返すことができるといった不思議なことが起こります。「弱い」と言うか「強い」と言うか、たったひと言の違いで発揮されるパフォーマンスがまったく変わってしまうのです。

なぜこのような違いが生じるのかというと、「自分は弱い」と言った瞬間、無意識のうちに脳内に弱い自分のイメージが想起されて、身体もそのように動いてしまうためです。その作用を起こしているのが、「ミラーニューロン」と呼ばれる脳の神経細胞の働きといわれています。

このミラーニューロンはまるで鏡のように言葉を視覚野に投影して映像として再現するため、言葉を言われた瞬間に私たちの脳内イメージに影響を与えることが示されています。

とくに成長期にある子どもの脳は、大好きな親から言われた言葉を、真っ先に脳の中にインプットしていきます。ですから乳幼児期の親の言葉が、自己肯定感をはじめ、さまざまな能力や人格をつくるといっても言い過ぎではありません。親の言葉通りに子どもは育つ。このことをぜひ忘れないでいただきたいと思います。

学力よりも大切になってくる「非認知能力」

これからの時代に必須な「非認知能力」

「非認知能力」という言葉を耳にしたことはあるでしょうか？　ちょっとあいまいな表現なのでイメージしづらいかもしれませんが、非認知能力とはＩＱや学力テスト、運動テストのように点数化して測ることができない能力・スキルのことをいい、別の言い方で「社会情動的スキル」と呼ばれることもあります。

具体的には、自制心、忍耐力、目標に向けてやり抜く力、創造力、社交性、共感力、思いやり、想像力、自信、自尊心、回復力、困難を乗り越える力といったもので、他者とコミュニケーションをとりながら幸福に生きていくうえで欠かせない能力やスキルとされています。

近年、この非認知能力の重要性が盛んに言われるようになってきました。

OECDが社会情動的スキルと称した非認知能力

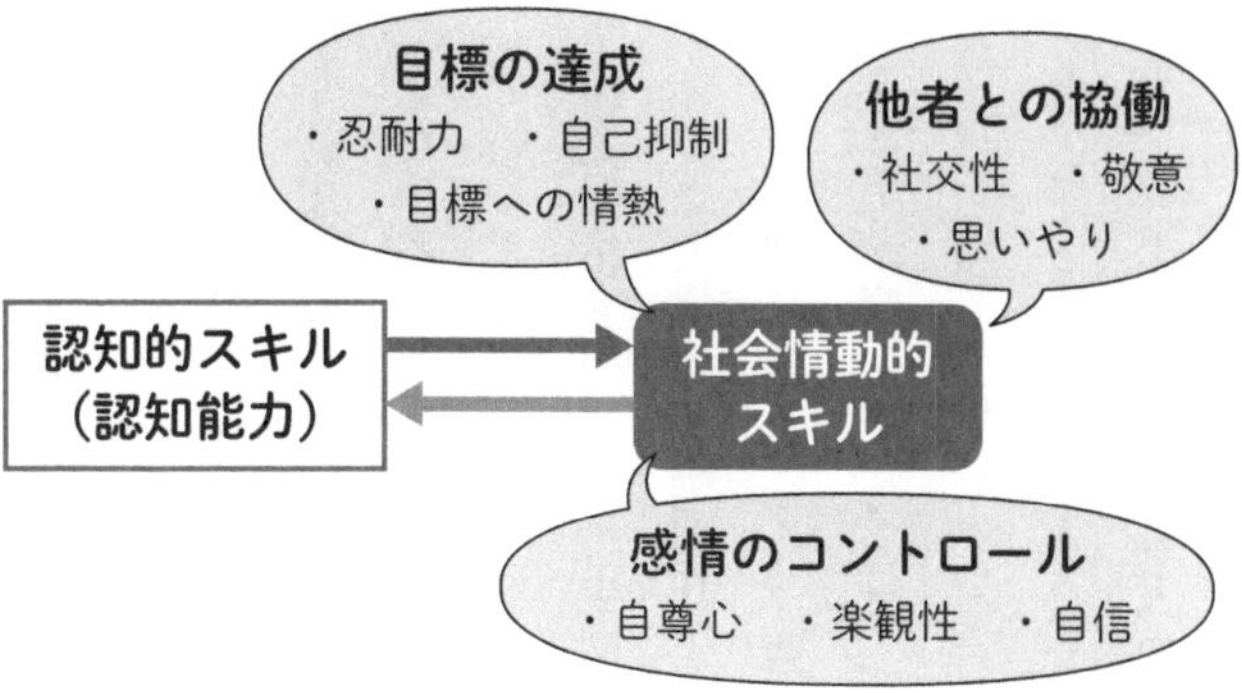

『社会情動的スキル』（経済協力開発機構〔OECD〕編著、ベネッセ教育総合研究所企画・制作）を基に作成

最初に概念を提唱したのは、二〇〇〇年にノーベル経済学賞を受賞した、経済学者で米国シカゴ大学教授のジェームズ・ヘックマン氏です。

ヘックマン教授は、幼児教育がどのように人生に影響するかを長年にわたって追跡調査しました。その結果から、幸福感や社会的成功にはIQや学力といった認知能力以上に、数字では測れないさまざまな能力やスキル＝非認知能力が重要であると明らかになったのです。

視覚化できない能力・スキルである非認知能力が注目されている背景には、AI化の進展があります。

この先の社会はますますAI化が進み、言われたことを実行するだけの仕事はどんどんAI

に奪われていく可能性があります。近い将来、今ある仕事の六五％はＡＩによってなくなるとも指摘されています。そんな時代を生き残っていくにはＡＩにはできないことをやれる人になることが必要です。

その際の礎となるのが創造力や思いやり、コミュニケーション能力をはじめとする非認知能力といわれているのです。

またいろいろな研究から、非認知能力が高いとＩＱや学力などの認知能力も向上していくこと、非認知能力が高い人は社会で成功しやすいこともわかっています。

研究のひとつに、幼少期の自制心と将来の収入・地位との関係性を調べた米国デューク大学の追跡調査があります。一〇〇〇人の子どもたちを三〇年にわたって追跡して調べたところ、楽しみのために欲求を抑えて待つといったセルフコントロール力が高かった子は、三〇年後の収入も社会的地位も高くなっており、低かった子はどちらも低いという結果になりました。

今の子どもたちが大人になる頃には間違いなくＡＩを中心とした社会になっています。ＡＩに使われる人になるのか、ＡＩを使う人になるのかで社会的成功は変わってくるでしょう。ＡＩ社会を生き抜き、社会的成功をつかみとるうえで、非認知能力の高い・低いは非常に大きな関係性をもってくるといえるのです。

非認知能力も自己肯定感を土台に育つ

その大切な能力・スキルを身につけていく土台となるのも、自己肯定感なのです。

自己肯定感が高いと、自分の感情や欲求を自制できるセルフコントロール力も高くなります。ひとつの物事に取り組んで成し遂げる「やり抜く力」や「困難を乗り越える力」も自己肯定感なくしてはもてません。

自己肯定感が高いと、人との良好な関係性を築く「コミュニケーション能力」も高くなります。またコミュニケーション能力が高くなると、他者との関係性がさらによくなり、自己肯定感もアップするといったよい循環が生まれます。

人や社会のために何か役立つことをしたいといった気持ちも自己肯定感があるからこそもてるもので、その気持ちがあることで創造力や想像力の発揮にもつながります。いずれにしても、これからの子どもにとって不可欠な非認知能力を育んでいくには、その出発点に自分を肯定する気持ちがないとうまくいかないのです。

いいところは二割あればいい

二割の長所がその子の人生の八割をつくる

子どもの自己肯定感を育むうえで、よいところに目を向けてたくさんほめてあげることは最良の方法です。けれども「よいところに目を向けていきましょう」と言うと、「うちの子には全然いいところがない」とおっしゃる親御さんが少なからずいらっしゃいます。

でも、どんな子にも必ずよいところはあります。一〇割すべてがいいところだけという人間もいなければ、一〇割全部が悪いところばかりという人間もいないように、人間にはプラスの部分とマイナスの部分の両方があるのです。

子どもも同じように、たとえば勉強はイマイチだけれどお手伝いをたくさんしてくれる、大人しくて内気だけれど小さい子にやさしい、いつも落ち着きがなくてうるさいけれど友だちに教えるのは上手など、何かしらその子のもち味といっていいような〝よさ〟があるはずです。そうした〝よさ〟を見つけてあげてください。

子どもの短所ばかりを見てしまうと「この子はダメなところばかり」となって、子どもへの接し方や言葉かけも「だからあなたは～」や「あなたはいつも～なんだから！」「～しなさいって言ったでしょ！」などが増えて、自己肯定感のもてない子にしてしまいます。そうした親の見方を変えるだけで子どもの脳と心は健やかに成長し、自信のもてる子にしていくことができます。

よいところをたくさん見つける必要はありません。いくつか見つけて、そこを発展的に伸ばしてあげればそれで十分です。

私は「よいところは二割あればいい」と言っています。できないところやダメなところが八割あっても、よいところが二割あれば、その二割の長所がその子の人生の八割をつくり出してくれます。

二：八という割合には不思議な法則があります。科学の世界では「パレートの法則」といわれており、常に「できる二割」が全体をつくる仕組みがあるのです。

ミツバチの社会では二割の働きバチが全体を支え、残り八割のハチたちを養っています。おもしろいことに、働いていない八割のハチを取り除くと、残った二割のハチの中でまた二割の働くハチと八割の働かないハチに分かれるといいます。

人間にも、この法則が働いています。二割のできる人が多くの物事をつくり出す仕組みがいろいろなところにあるのです。二：八の法則は、自然界に備わっている変えようのないメカニズムといってもよいかもしれません。

わずかな部分が多くの部分を生み出すのが自然の法則と考えていただくと、子育てでも「二割がよければそれでいい」と思えるようになっていけるのではないでしょうか。

そう発想を変えていくことで、子どもに対する見方も変わっていくことがあります。それまでなかなか目に入ってこなかったその子のよさが見えてくるようになるかもしれません。

「箱の法則」でマイナス面をプラスに変えよう

私たちはとかくマイナス＝悪いものと考えてしまいます。

たとえば、何かをしようとする際に、真っ先に失敗したときのことをイメージしてしまうようなマイナス思考は「よくないこと」と思いがちですね。プラス思考であるほうが物事はうまくいくと大勢の方が思っています。

けれどもマイナスにも、かなりプラスの面があるのです。真っ先に失敗や最悪な状況を思い浮かべてしまうマイナス思考は、転じればいろいろなことに慎重に取り組めるということでもあります。

世の中にはマイナス思考の人のほうが力を発揮しやすい職業もあります。代表が医師や弁護士です。どちらも問題点にはやく気づき、患者さんや依頼人にとって最善の状態となるように動くことが求められる仕事です。

ちょっとイメージしてみてください。もし医師がばりばりのポジティブ思考で、「ちょっと切っておけば大丈夫でしょう」「うーん、何とかなりますよ」などと言われたらどうでしょうか？　安心して我が身を任せることはできませんよね。

経営者の中にもマイナス思考だからこそ成功している方がいます。こうした経営者は往々にして石橋を叩《たた》いて渡るような慎重さをもっています。大きな賭けに出るといったことをしない分、劇的に利益を上げることにはつながりにくいものの、手堅く安定的な経営で、着実に利益を積み上げていく成功の仕方をしています。

このようにマイナス思考特有の「失敗や最悪の場面をまず考える」というクセが、大きなリスクを回避する、最悪の事態に備えて慎重に考え準備することにつながっていくといったプラスの側面にもなるのです。

物事には必ずプラスとマイナスの両面があります。

物事を箱にたとえるなら、一方向からばかり箱を見ていると、その箱の一面しか見ることはできません。でも横からのぞいたり、引っくり返して見たりすると、じつはいろいろな面をもっていることがわかります。マイナスと思っていることが、引っくり返して見たら別の面ではプラスだったということがあるのです。これを私は〝箱の法則〟と名づけています。

〝箱の法則〟を普段から意識していると、マイナスと思うようなことがあっても、いろいろな角度から多角的に見直すことができるようになります。

視点を変えることで、そのマイナスを生かしてリスク回避につなげたり、改善点を見つけて自分の成長につなげたり、マイナスを逆手にとったりといったやり方でプラスに変えていくこともできるのです。

「失敗や最悪な状況を恐れてすぐ動けない」は、そのマイナスを生かすことで慎重な行動や判断につなげていくことができます。また「自分で判断することが苦手」は、多くの人の意見を聞いて、そこから最適解を見つけていく方向に意識を向けることでプラスに転換できます。

あるいは「スポーツ選手になりたいのに身長が足りない」といった身体的なマイナス面であっても、俊敏性や判断力、スピード力を磨いていくことで、バスケットボールであってもラグビーであっても、サッカーでもバレーボールでも活躍できます。ハンディを逆手にとることで、マイナス面がマイナスでなくなるのです。

「ここがダメ。だからそこをなくすためにがんばる」とマイナスをなくそうとすると、どこかで限界がきて力尽きてしまいます。それよりもダメなところやできないところを受け入れ、いろいろな側面から見て、プラスに変えていけそうなところを見つける力を磨いていくほうが脳にも心にも負担をかけません。この力を子どものときから育ててあげられるとよいですね。

それには親も、日頃から物事を多角的に見る目を意識していくことが大切です。親がそうであれば、子どももそうした見方を身につけていけるようになるからです。その手始めとして、子どもの「ここがダメ」と思っている部分を、別の側面から見ることを意識してみてください。

子どもの短所を長所に変える発想が大事

子どものダメなところにしか目を向けないのは、子どもという箱の一面しか見ていないことになります。その箱を別の面から見ると、短所と思っていたところが短所に見えなくなっていきます。

たとえば「うちの子は大人しくて人見知りでイヤになっちゃう」と思っていると、そこがマイナスにしか映りません。けれども「大人しい＝人の気持ちがわかるから自分の意見をことさら主張しない」「人見知り＝感受性がとても高い」と視点を変えると、素晴らしい長所に変わります。

同様に「ウソをつく」は、言い訳ができるようになるほど脳が育って、頭がよくなってきている証拠と捉えていくと、たわいのないウソに目くじらを立てることが減っていくことがあります。実際に「ウソをつく」は、人間にしかできない高度な脳の働きによるものなのです。

人を傷つけたり、お金を取ったことを隠したりといった倫理的に許されないウソは叱らなくてはなりませんが、三〜四歳の子どものウソはほとんどが単純で、すぐにばれるようなかわいらしいウソばかりです。「こんなふうにウソをついて言い訳できるぐらい成長したんだ」と思うと、親も心に余裕がもてるのではないでしょうか。

また親御さんたちからよく聞く子どもの短所として「飽きっぽい」や「集中力がない」というものもあります。

子どもの飽きっぽい性格に悩んでいる方は少なくないのですが、脳科学の研究では飽きっぽさは頭の回転がはやい証拠であることがわかっています。つまり学習スピードがはやく、すぐに理解して記憶してしまうため、学習の刺激がなくなって脳が飽きてしまうことが「飽きっぽい」「集中力がない」の正体なのです。

飽きっぽい子はそれだけ学習能力の高い脳をもっているということです。そう見方を変えると、「飽きっぽい」も「集中力がない」も、じつはすごい才能なのです。

ちなみに、iPS細胞でノーベル生理学・医学賞を受賞した京都大学の山中伸弥《やまなかしんや》教授も若い頃から飽きっぽい性格で、研究者になってからも次々と研究内容を変えることで有名だったそうです。周りからも呆れられるほどだったといいますが、その飽きっぽさがｉＰＳ細胞という大きな発見につながったといってよいでしょう。「落ち着きがない」も短所としてよくいわれるものですが、これも違う面から見れば好奇心が旺盛で、エネルギーが高い子といえます。次々と興味の対象が変わっていくというのは、それだけ好奇心旺盛であるといえるのです。「聞き分けがない」も同様に、見る側面を変えると「自分の意見をしっかりもっている子」ということができます。

このように短所が長所でもあると気づけば、子どもへの言葉のかけ方も変わってきます。「あなたは飽きっぽいわね」が「あなたは頭の回転がはやい子なのね」、「あなたは本当に落ち着きがない子ね」が「好奇心旺盛でエネルギッシュなんだね」と変わることで、子どもの自己イメージがそのようになっていき、自己肯定感が見違えるように上がっていくでしょう。ぜひ短所を長所に変える発想を大切にしてください。

✦ COLUMN ✦

短所が長所に変わる！
「箱の法則」転換ワーク

一見、短所に思いがちなところでも、見方を変えれば長所になります。

大人しい
↓
人の気持ちがわかる

人見知り
↓
感受性が高い

引っ込み思案
↓
自分の世界をもっている

ウソをつく
↓
脳が育っている

飽きっぽい
↓
頭の回転がはやい

落ち着きがない
↓
好奇心が旺盛

聞き分けがない
↓
自分の意見をしっかりもっている

うるさい
↓
エネルギーが高い

「箱の法則」転換ワーク 実践編

子どもの行動や性格で「困ったな」「不安だな」と思うことを書き出してみましょう。一呼吸おいてから書き出したことを違う側面から見て、長所に言い換えてみましょう。

↓ ↓ ↓ ↓ ↓ ↓ ↓ ↓ ↓ ↓

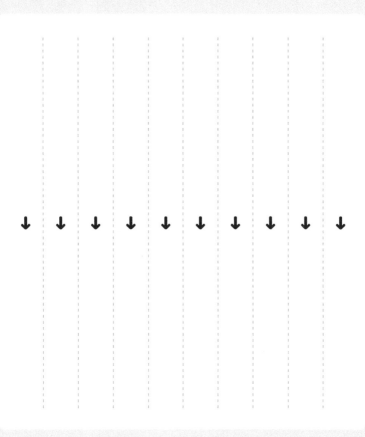

第2章

脳がわかると子育て力も上がる！

子どもの脳の育ち方を理解しておこう

脳は一〇歳までが成長期

脳の成長と心の発達は結びついています。自己肯定感をはじめ、思いやりや共感力、自制心といった非認知能力は、脳が育っていくことでもてるようになっていくともいえます。

脳の育ち方や役割、脳のもつクセといったことを知っておくと、自分を丸ごと好きになれる子にするにはどうすればいいか、将来にわたって大切になる人間力をどうもたせてあげればよいかも理解していただきやすいでしょう。

とくに子ども時代の脳は目覚ましい勢いで育っていきます。年齢ごとに脳の成長と発達の仕方も変わります。ですから自己肯定感を育むには、脳の発達段階に応じて関わり方を変えていくことも重要なポイントになります。その具体的な関わり方は次の章に譲るとして、この章では主に脳の仕組みや特徴などについて理解を深めていただければと思います。最初に、生まれてからの脳がどのように成長していくのかを簡単にご説明しておきましょう。

赤ちゃんの脳はとても小さくて、重さでいうと三〇〇～四〇〇グラム程度しかありません。脳の神経細胞のネットワークもまだまだ少ないのですが、誕生から一歳ぐらいまでの間に爆発的に数を増やしていき、一歳でピークを迎えます。

そうやって、いったん最高潮まで細胞同士のつながりを増加させると、今度は「間引き」と呼ばれる現象が起こり、残す細胞と減らす細胞の分別が始まります。

脳細胞の数が減るいっぽうで、残された細胞たちはより効率的なネットワークをさまざまに広げていきます。

不要な細胞を取り除く間引き現象は三～四歳頃まで続き、間引きが終わると細胞の数はほぼ安定します。脳細胞の大きさ自体も三歳で成人の九割ぐらいにまで成長するといわれています。

細胞の数が安定し、細胞の大きさもある程度まで成長すると、そこからは脳のネットワーク化がより一層進んでいく時期になります。脳の発達とは、このネットワークが整備されていくことをいい、本格的に脳が脳として発達し始めるのが三歳以降です。なかでも四～七歳は、どんどんネットワークを広げていく建設期にあたります。

八歳以降はネットワークをより強固にしたり、高速化したり、言うなればネットワーク機能を高度化する時期に入っていきます。一〇歳ぐらいになると、大きさも働きも大人の脳とほぼ変わらないぐらいにまで成長し、それ以降はゆるやかな発達へと変わっていくのです。

また、子どもの時期の脳はものすごいエネルギーを必要とし、脳が消費しているカロリーも驚くほどの量です。

脳の質量は、身体全体の二～三％に過ぎません。それにもかかわらず、三～八歳の子どもは、脳だけで身体全体の消費カロリーのなんと五〇％を消費してしまうのです（私たち大人は二五％といわれていますので、子どもは大人の二倍ものエネルギーが必要となります）。

たとえば、体重二〇キロの五歳児が身体を維持するために必要とする摂取カロリーは、一日八六〇キロカロリーとされています。その半分を脳が消費しているといわれています。それだけ幼児期の脳の成長・発達は著しいのです。

役割が違う「古い脳」と「新しい脳」

脳全体の成長はこのような過程となっているのですが、じつは脳には大きく二つの部位があり、その発達の順番も年代で違っています。

ひとつは古い脳（原始脳）と呼ばれる「脳幹《のうかん》」と「大脳辺縁系《だいのうへんえんけい》」です。

脳幹は呼吸や睡眠、心拍など生命を維持するための基本的な働きを担っています。この脳幹を包むようにして大脳辺縁系があり、ここには好き・嫌いや快・不快といった感情と喜怒哀楽といった情動を司《つかさど》る「扁桃体《へんとうたい》」、長期記憶を司る「海馬《かいば》」、食欲中枢や性欲中枢などがあります。古い脳は、〝生物として安心・安全に生きていくために必要な機能を担っている脳〟と考えていただくとよいでしょう。

もうひとつが新しい脳（意識脳）といわれる「大脳新皮質《だいのうしんひしつ》」です。この部分が大きく、高度に発達している生き物は人間しかいません。大脳新皮質は、脳全体に古い脳をくるむような形で広がっていますが、なかでも非常に大切な場所が、おでこのあたりにある「前頭前野《ぜんとうぜんや》」と呼ばれる領域です。

前頭前野は理性や知性や感情制御を司る場所です。ここが発達してくると物事の計画を立てられるようになったり、感情をコントロールしたり、集中して物事を考えたり、一時的に重要な事柄を記憶しておいたり、他者に共感して思いやったりといったことができるようになっていきます。人間を人間として形づくっているのがこの部分です。

〇歳からの脳の発達では、まず古い脳の部分が育っていきます。生きていくために必要な脳の機能から先に発達していくわけですね。

新しい脳も少しずつ成長はしているのですが、三歳までは古い脳が優先的に育っていくので、乳幼児の間は愛情をたっぷり注いで親子関係をしっかりつくり、自分は愛されている、大切にされているという安心感をもたせてあげることが最重要テーマとなります。この感覚は自己肯定感の種にもなるので大事です。

四歳ぐらいからは新しい脳の発達に拍車がかかり始めます。理性や知性、感情制御と深く関わりのある前頭前野も発達し始め、八歳頃からその後二八歳ぐらいまで、大人の脳へと成長していきます。

このように古い脳と新しい脳とでは発達の時期が若干ずれています。ですから年

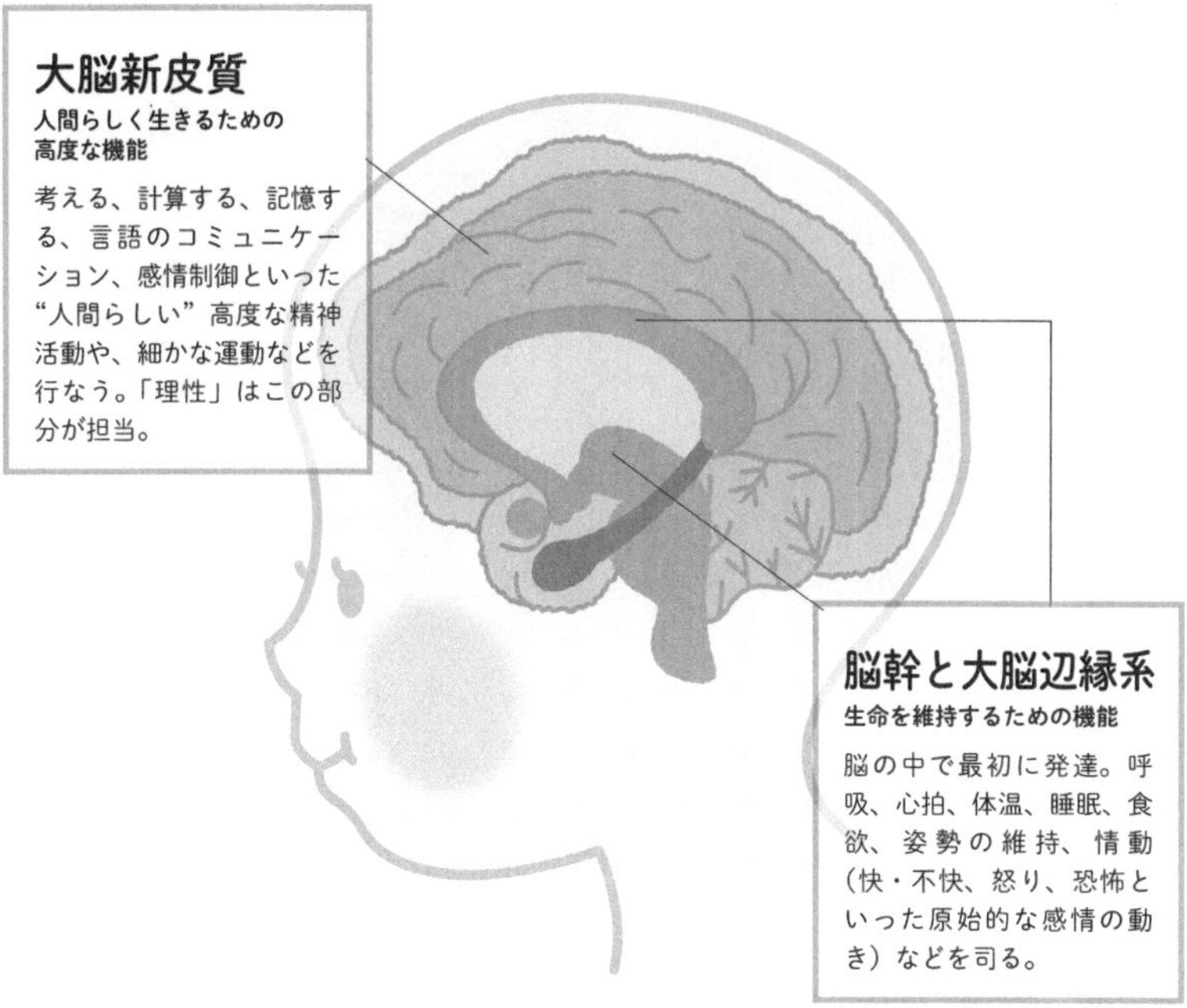
大脳新皮質
人間らしく生きるための
高度な機能
考える、計算する、記憶する、言語のコミュニケーション、感情制御といった“人間らしい”高度な精神活動や、細かな運動などを行なう。「理性」はこの部分が担当。
脳幹と大脳辺縁系
生命を維持するための機能
脳の中で最初に発達。呼吸、心拍、体温、睡眠、食欲、姿勢の維持、情動（快・不快、怒り、恐怖といった原始的な感情の動き）などを司る。

齢が低いうちは理性的な行動をとることはできません。三〜四歳の子どもが情動の赴くままに泣いたり怒ったり、聞き分けのない行動をとったりするのも前頭前野の発達が十分ではないからなのです。

そこがわかっていないと、「どうしていつもワガママばかりなの！」「聞き分けが悪い子ね」といった自己肯定感を損なう叱り方をしてしまいがちになります。それを避けるためにも、脳の成長過程や仕組みを知っておくことが大切なのです。

脳はユニークなクセをもっている

脳はまねっこが好き

　脳はいろいろな特性をもっています。特性は、脳の性格やクセと言い換えてもよいかもしれません。そのクセを知っておくことは子育てにも役立つでしょう。

たとえば脳にはまねする力が備わっていて、子どもは親が緊張していると緊張を覚え、親が楽しんでいると楽しい気持ちになります。それができるのは前章で触れたミラーニューロンという神経細胞があるからです。ミラーニューロンはモノマネ細胞ともいわれ、赤ちゃんが親の言葉をまねることで言葉を習得していくのも、モノマネ細胞であるミラーニューロンが関わっています。

ミラーニューロンは、目の前にいる相手の様子を鏡のように脳の中に再現し、脳内の情報と同期させて、相手の思いや考えを判断するという働きを支えています。

判断する材料は耳から入る言葉だけではありません。態度や表情といったものをすべて再現し、それに基づいて相手の気持ちや考えを読み取っているのです。ですから口では耳に心地よいほめ言葉をいっぱい言いながらも、それが本心からのものでないと、ミラーニューロンの働きによってすぐに見破られてしまいます。

皆さんも誰かと話をしているとき、相手がほめ言葉を口にしているのに何となく違和感を覚えたり、落ち着かない心持ちになったりすることはありませんか？　それもミラーニューロンのなせるワザです。

目の前にいる相手の様子は視覚野というところに情報として伝わり、ミラーニューロンを介して体感覚として再現されます。

脳の情報取り込み能力はとても優秀で、言葉のトーン、顔の表情筋の動き方、瞳の中の瞳孔の状態、手足や身体全体の筋肉の動きなど、とにかく細かいところまで情報を読み取っています。それによって相手と同じ状態を脳の中につくり出し、体感覚として再現させることができるのです。

相手が悲しい気持ちだったとき自分も悲しい気持ちになったり、うれしい気持ちだったときうれしい気持ちになったりするのも、相手と同じ状態が再現されることによって、同じような感情が脳内で起こることからきています。

同様に「相手がどうも本心から言っていないな」「何か裏があるんじゃないか」と感じるのも、口元は笑っているのに目は笑っていないなど、相手の不自然な状態がそっくりそのまま脳の中で再現されることで、体感覚として違和感を覚えるからなのです。

このようにミラーニューロンのモノマネ力は侮れません。子どもの脳にも乳幼児のときからその力は備わっていますので、親がどういう思いで子どもに接しているかは映し鏡のように伝わってしまいます。

言葉や態度に出さなくても「この子はダメな子」と思っていたら、子どもの脳もそれを察知し、よい自己イメージをもてません。自己イメージが悪くなると自己肯定感ももてなくなります。ですから、ほめるときは本心からほめる、よいところを見つけて心を込めてよさを伝えてあげるということが大切になるのです。

脳はほめると育つ

脳はほめられることが大好きです。ほめられると脳の「報酬系《ほうしゅうけい》」と呼ばれる領域にある「線条体《せんじょうたい》」が活性化し、脳全体の機能が高まることが知られています。

実際に、ほめられたときに脳のどこが反応しているのかを、ｆＭＲＩ（機能的核磁気共鳴画像法）という装置を使って明らかにした研究があります。

生理学研究所という研究機関が平均年齢二一歳の男女一九人を対象に行なったもので、言葉でほめられたときと報酬としてお金がもらえるときの二つの状況で脳の反応を調べたところ、どちらも同じく線条体が反応していることがわかりました。

お金をもらうのはうれしいものですが、脳にとってはほめられることも、お金という報酬をもらうのと同じくらいうれしいことなのです。

子どもの脳にとってはとくに、親からほめられることは大きな〝ご褒美〟です。

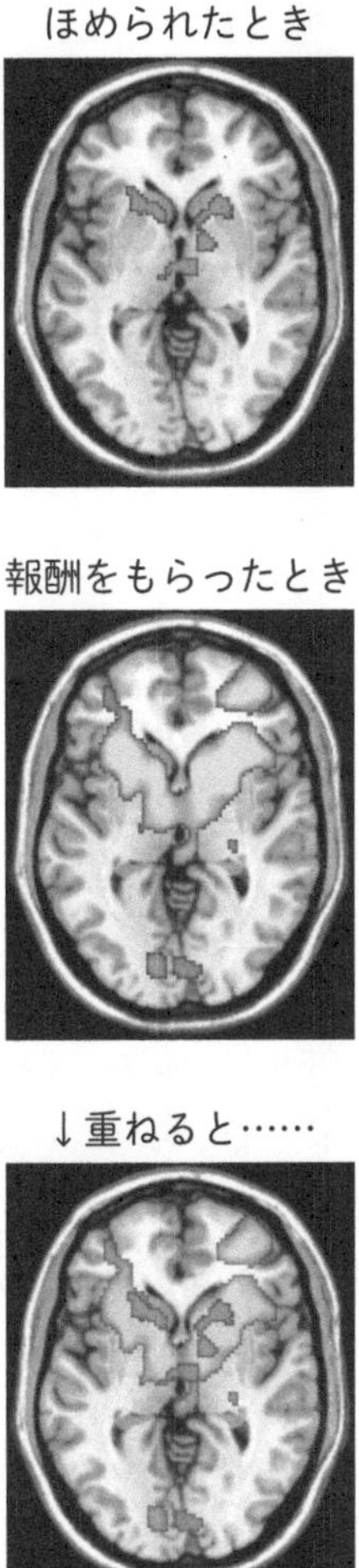

（生理学研究所）

ご褒美をもらえると、線条体をはじめとする脳内報酬系が刺激されてドーパミンという脳内物質が分泌されます。

ドーパミンは「やる気ホルモン」ともいわれ、やる気や意欲といった前向きな気持ちをつくり出してくれます。たくさんほめられると、ドーパミンがたくさん出てきて脳全体を刺激し、それによって脳がますます活性化し、いろいろなことを吸収したり、学んだりする力も高まっていくようになります。

ほめることは、子どもの脳を喜ばせて元気にする特効薬といってよいのです。

とはいえ子どもの成長には、ほめてばかりでなく、ときに叱ることも必要ですよね。この「叱る」のほうで悩まれている方は多いのではないでしょうか。

私の知る限りでもたくさんいらっしゃいます。多くは「叱り方がわからない」というものですが、「ほめることと叱ることのバランスをどうしたらよいか」と悩む声も大変よく聞きます。実際、自己肯定感を損なわないようにするには、どちらかに偏り過ぎてもよくありません。叱り過ぎるのはもちろんのこと、ほめてばかりで甘やかすのも健全な自己肯定感が育ちにくいからです。

「ほめる」と「叱る」の割合をどうするかは難しい問題ですが、ひとつ参考にできるのが、偉人のひとりとして知られる二宮金次郎《にのみやきんじろう》（二宮尊徳《そんとく》）の言葉です。二宮金次郎といえば薪《まき》を背負って本を読んでいる子ども時代の銅像が有名ですが、後にこのような言葉を残しています。

「かわいくば、五つ数えて三つほめ、二つ叱ってよき人となせ」。この言葉にある「三つほめて二つ叱る」を目安にすると、バランスのとれたほめ方・叱り方ができるでしょう。

つけ加えると、男の子と女の子でほめることと叱ることの割合を少し変えたほうがよい場合もあります。男の子は甘やかすよりも少し厳しめのほうが自制心が育ちやすく、女の子は厳しくし過ぎると損得勘定の強い打算的な人になりがちといった傾向が国内のリサーチなどでいわれているからです。

男女差でいうなら、男の子「ほめる四割」、女の子「ほめる六割」ぐらいの感覚で考えておいていただくのもよいかもしれません。

ただし、これらはそうした傾向があるということで、大切なのはあくまでその子の個性を見てバランスを考えていくことです。「三つほめて二つ叱る」を参考に、我が子に合ったほめ方・叱り方をしていくことがいちばん大事になります。

脳は努力をほめられるのが好き

もうひとつ、どのようにほめるかも自己肯定感には大切なポイントです。子どもの力を伸ばすほめ方に関しては、米国スタンフォード大学の心理学者キャロル・ドウェック博士たちによる有名な研究があります。

博士たちは、子どもを対象にいろいろなパターンでの調査研究を行なっているのですが、共通している結論は「もって生まれた頭のよさをほめる」と子どもたちの学習意欲は下がり、「努力やプロセスをほめる」と、子どもたちは難しい問題にも意欲的に挑戦しようとする、というものです。この結果も含めて、子どもをほめるときのポイントをまとめると、次のような四点になります。

①才能ではなく努力をほめる

才能や頭のよさをほめられると、「才能がある」「頭がいい」という評価を下げたくない気持ちから、新しいことや難しいことにチャレンジしようとしなくなります。「すごい、よくできたね」と言ってあげるのはよいのですが、できる限り努力やプロセスに目を向けて、そこをほめるようにしましょう。

たとえば上手に絵が描けたら、「こんなに上手に絵が描けるなんて天才ね！」より、「このペンを使ったところがすごいね」「ここに、この色を使ったのが素敵ね」と工夫や努力をほめたり、「どうしてこれに興味をもったの？」「どうしてここをこうしようと思ったの？」とプロセスに関心をもってほめたりしてあげるとよいのです。

かけっこでいちばんになった、テストで一〇〇点をとったなども、足がはやいことや勉強ができることをほめるより、「どうやって一等になれたの？」「どうやって勉強をがんばったの？」とプロセスについて質問して、「そんなに努力したんだね、すごいね！」とほめてあげるほうが効果的です。関心をもって質問することも、自己肯定感につながるほめ方になるのです。

②条件付きでほめるのはNG

「〇〇ができたからいい子」のような条件付きのほめ方は、親の望むようにしてくれた、なってくれたから「あなたはいい子ね」と言っていることになります。裏返せば、「そうできないあなたはいい子ではない」というメッセージを子どもに与えることになります。

親の期待に応えなければほめてもらえない状況が多いと、親の顔色をうかがうようになり、緊張状態におかれることが増えて脳の働きを落としてしまいます。また「期待に応えられない自分はダメ」と思うことで自己肯定感も低くなります。

親の行動を見て、「どうやったら親が喜ぶか」を考えているのが子どもです。期待通りにやってくれたらほめるといったほめ方が増えないようにしましょう。

③生活習慣に関することはとことんほめる

知能に関すること、技能に関することは努力やプロセスをほめるほうが能力を発揮しやすくなるのですが、生活習慣に関してはその限りではありません。ボタンをはめようとする、靴を履こうとするなど、自分から挑戦しようとする姿勢をほめてあげながら、それができたときは手放しで「できたこと」をほめてあげましょう。

ひとりで起きられた、ご飯をちゃんと食べた、あいさつや「ありがとう」が言えたなど、生活習慣については、ほめるほど身につきやすくなります。

④うまくいかなかったときは「惜しいね」でほめる

チャレンジしてできなかったとき、やってみたけれど失敗してしまったときは、「残念だったね。次がんばろうね」より、「惜しいね」「もうちょっとだったね」と言ってあげるほうが脳は前向きになります。このように言われると「そうか、もうちょっとだったんだ。惜しかったな」と思えるので、もう一回チャレンジしてみようという気持ちをもちやすくなるのです。

脳は常に新しいことを求めている！

同じことを続けていると飽きてくるのも脳の性質です。海外の研究でも、馴染みのあるものや見慣れたものには脳はほとんど反応せず、目新しいものや新しいことに出合ったときには脳の報酬系が反応して活性化し、意欲が高まることが明らかにされています。

この研究で興味深いのは、最初は目新しかったことでも繰り返されることで目新しさが失われていき、それに伴って脳も反応しなくなっていく点です。

脳は飽き性なので、同じことを続けていると慣れが生じて反応しなくなってしまいます。ですから脳の学習効果を持続させるには、目新しいことを挟み込んだり、パターン化させたりしない工夫が大事になるのです。

自己肯定感を高めるためにほめる際も、ある程度の年齢以降は、年がら年中ほめ続けていると脳が慣れて学習効果がなくなっていきます。

乳幼児期は何をやってもほめてあげるぐらいのほうが子どもの成長につながりますが、六歳以降になると子どもも賢くなります。乳幼児期と同じようにベタぼめしても、「ふうん。またか」になってあまり効果がありません。

心理学でも、同じ状況が連続するより、断続的に部分強化するほうが学習効果は高まるとされています。「ハンフレイズ効果」と呼ばれていますが、ほめられることが当たり前という環境にしないことが、ほめる効果を最大にする秘訣《ひけつ》なのです。

学童期に入った子には、「ここぞ」と親が思ったときにほめてあげるようにするとよいでしょう。どんなことでほめられるか予測がつかないことで、その分いざほめられたときの喜びは大きくなります。親のほめ言葉が届きやすくなり、自分に対する肯定的なイメージが脳内に定着しやすくなるでしょう。

成功体験ばかりだと脳はストレスに弱くなる

「かわいい子には旅をさせよ」ではありませんが、簡単なことばかりではなく、やや困難に思えることも乗り越えて達成できた経験は、子どもの脳を大きく成長させます。また、「できた」「やれた」の思いが自己肯定感を大きく育ててくれます。

自分でも乗り越えられるんだ、やればできるんだということを実感できると、折れない心であるレジリエンスが育ち、少しのことではくじけない強さを将来にわたってもち続けることができます。

ですから、子どものうちから新しいことにチャレンジさせて成功体験を味わわせてあげることは、子どもの育ちにとても重要といってよいでしょう。

しかし、なかには成功体験を「失敗させないこと」と誤解している親御さんもいらっしゃるようです。

常に子どもの目の前の道を整備して、つまずきそうな障害物はすべてきれいに取り除き、泥がはねないように舗装して、曲がりくねっている箇所をまっすぐ整えてしまう。「子どもには苦労をさせたくない」「失敗することで心が傷つくのはかわいそう」との思いから、このようにいろいろ先回りしてしまう方がいます。失敗させないよう親が整えた道の上を歩くだけの成功体験は、言うなればまがい物の成功体験かもしれません。

子どものうちはそれで問題なくいったとしても、思春期に入ったり、大人になって社会に出たりしたときに、心の問題が生じてしまう可能性があります。大きくなれば必ず何かしら困難や失敗にぶつかります。自力で困難を乗り越えた経験がないと、そこで自信を大きく喪失して、社会に出ていくことができなくなったり、ストレスから心に問題を抱えてしまったりすることがあるのです。

そうならないように、子どものうちからいろいろなことを自らの力で乗り越える体験をさせてあげましょう。高いところから飛び降りる、難しいパズルに挑戦させるといったレベルで構いません。

大きな困難を与えてしまうと挫折がトラウマになることもあるので、「この子にはちょっと難しいかな」と思えるレベルの小さな困難を体験させてあげるのがよいと思います。幼児期だからこそ、乗り越える困難も小さなレベルで用意してあげることが可能です。

もし失敗しても、「大丈夫、次はできるよ」「もうちょっとだね」と言葉をかけて、失敗を次につなげてあげれば、それが子どもをさらに成長させてくれます。

失敗させないことを大事にするよりも、失敗を乗り越えてやり遂げていくほうをぜひ大切にしてみてください。幼児期からの乗り越え体験の積み重ねは、大きな自信とストレスにも負けない脳と心を育ててくれます。

脳はゴール間近になると力を抜く

脳のおもしろい性質として、設定したゴールが近づいてくると力を発揮しなくなるというものがあります。

皆さんも何かに取り組んだ際、「今日はここまで仕上げよう」と目標を決めて始めた作業が、ある程度のところまでいって「あともう少しで終わるぞ」と思った瞬間に進まなくなってしまった経験はないでしょうか？

脳には、目標をもつと機能するという特徴があります。目標を決めて何かを始めるとき、そこから得られる報酬を期待して脳は活性化します。新しいことが学べるのではないか、やり遂げた感が味わえるのではないかと脳が期待し、快や喜びが得られそうだと脳内にドーパミンが分泌され、やる気が高まるからです。

ところがゴールが近づいて、「そろそろ達成できそうだ」と思った瞬間、脳はドーパミンの分泌をやめてしまいます。それが終わりに近づくと物事が進まなくなる理由です。

では、最後までやる気と能力を持続するにはどうしたらよいのでしょうか。

そのヒントを示しているのが、北京五輪（二〇〇八年）の水泳・平泳ぎで、二大会連続二種目の金メダルを獲得した北島康介《きたじまこうすけ》さんのエピソードです。

平泳ぎでは無敵の強さを発揮していた北島さんですが、当初はゴール間近になるとタイムが落ちる傾向があったそうです。

それをクリアするためにしたことは、泳ぎのフォームを変えることやスタートの仕方を変えることではなく、ゴール設定の変更でした。一般的に水泳では「壁にタッチすること」までをゴールにしがちですが、当時競泳チームのサポートに入っていた林成之《はやしなりゆき》教授は、そうではなく壁にタッチした後に「振り返って電光掲示板のタイムを確認すること」までをゴールにしなさいとアドバイスしたのです。

すると、脳は「振り返って自分のタイムを確認すること」が最終目標だと思うため、壁に近づいても最後まで最善の力を出し切ることができるようになるのです。実際に北島康介選手もこのアドバイスによって、素晴らしい結果を残すことができました。

脳は目標をもつほどがんばれる

この脳の仕組みは子育てでも応用することができます。たとえば、大学に入るといった目標をゴールにするのではなく、「これになりたい」「この仕事がしたい」など、少し先まで人生目標を設定してあげることで、そこに向けていろいろなことをがんばれるようになります。

四〜五歳のうちは「消防士になりたい」「パン屋さんになりたい」「アイドルになりたい」といった漠然とした夢で構いません。その夢を否定しないで「がんばればきっとなれるよ」と言い続けて、子どもの自信を育ててあげてください。

前頭前野が急速に発達する七〜八歳ぐらいからは、目標をつくってそれに向けて計画を立てることもできるようになります。この年代になったら好きなことを見つけて目標がもてるようにしてあげましょう。

「○○になりたい」「○○がしたい」から少し深く考えて、それになることでどんなことがやりたいのか、それによって何を得たいのか、そのためには何をすればいいのかまで設定しておくと、ゴールまでの道筋が具体的になります。それが脳のやる気を生み、自己肯定感にもつながっていきます。

もちろん、そこまで目標を設定することは子どもの力だけではなかなかできません。ですから親御さんが一緒に考えてあげることも大切になります。

成長していく中で、子どもがなりたいもの、やりたいことも変わっていくかもしれませんが、将来の夢や目標をもち、そのためにがんばる力を小学生のときからもたせてあげると、大きくなってからも自ら目標を設定し、力を発揮できる人になっていきます。この力は幸せな人生をつくる大きな財産になると思います。

脳は状況に合わせて伸ばす力を変えている

脳には、どんな環境にいるか、どんな行動をしているかで身についていく力が変わるという特性もあります。

たとえば部屋の状態です。きれいな部屋にしておくほうが子どもの成長にはプラスになるイメージがありますが、一概にそうともいえません。あまりにきれい過ぎて余計なものが一切ない環境は、脳への刺激が少なくなり、かえって脳の成長にはよくないとの話もあるからです。

とくに乳幼児の間は、外界からの刺激が脳を大いに育ててくれます。それを考えると、部屋の中にはある程度モノがあったほうがよいのです。

リビングでモノを広げたり、子ども部屋が散らかっていたりすると目くじらを立てて怒る方もいるのですが、海外の研究では、散らかっている状態のほうが創造力は高まるという結果も出ています。

米国ミネソタ大学カールソン経営大学院の行なった実験によると、きれいな部屋にいるより散らかった部屋にいるほうが創造力は平均二八%高まり、アイデアが出るスピードもはやくなったとの結果が報告されています。創造力を育んでいきたいときは、適度に散らかった部屋にいるほうがよいといえそうです。

いっぽう、きれいに整理された部屋にいることで身についていく力もあります。やり通す力です。これも海外の研究から明らかにされており、部屋が整理されていると最後までやり通す力が上がり、子どもの場合は学業成績の向上にもつながることがわかっています。

おもちゃや遊び道具、本がバーッと広がっていても、子どもがそこで何かに夢中になっていたらそのままにしておき、勉強や宿題をやらなければいけないときは、余計なものを片付けて空間をすっきりさせる。このように状況を使い分けると「創造力」と「やり通す力」の両方を育てていける可能性があります。

脳は新しいことが好きと言いましたが、勉強や作業をする場所を頻繁に変えると、周囲の環境が変わるので脳が刺激され、記憶力が五〇％も高まることもわかっています。

もうひとつ、記憶力のアップでは運動も効果的であることがわかっています。米国カリフォルニア大学と筑波大学との合同研究によって、「軽い運動を一〇分間行なうだけで記憶力が高まる」との報告があるほか、学習してから四時間後に運動すると記憶力が増進されるとの研究報告もあります。

運動で身体を動かすと血液の中に「ＢＤＮＦ（脳由来神経栄養因子）」という物質が増えます。この物質は脳細胞の成長やネットワークの形成など、脳が育つうえで欠かせない働きをしていて、記憶と深く関わりのある「海馬」にたくさん存在しています。そのため「ＢＤＮＦ」が増えると記憶力が上がるのです。

子ども部屋とリビングの両方を活用して勉強場所を変えてあげる、勉強の前後に運動を取り入れる、こうした工夫をすることで記憶力がよくなり、子どもの脳の学習能力は高まっていきやすくなります。

環境をいろいろ変えて、さまざまな力が育つようにしてあげてください。

その子の個性に合った脳育てをしよう

脳の才能発揮には個性がある

脳のもつ基本的な機能は誰もが一緒です。脳のクセや性格も人によって変わるわけではなく、基本スペックはみんな同じです。けれども不思議なことに、人によって得意なこと・得意ではないことが違いますね。

基本スペックは生まれもってのものですが、脳がどのような力を発揮していくかは環境によるところが大きく影響します。それが脳の個性をつくり、発揮される才能の違いとなって現れているのです。

脳のもつ才能について、認知教育学の権威である米国ハーバード大学のハワード・ガードナー教授は八種類を挙げています。それをベースとして私は一〇種類に才能を分類しています。一〇種類の才能は大人だけでなく、子どもの中にも眠って

10種類の才能

- ◆言葉が好き↓ 言語の才能
- ◆数字が好き↓ 数学的な才能
- ◆質問が好き↓ 論理的な才能
- ◆絵を描くのが好き↓ 視覚・空間的な才能
- ◆音楽が好き↓ 音楽的な才能
- ◆身体を動かすのが好き↓ 身体的な才能
- ◆手先を使うのが好き↓ 職人気質の才能
- ◆人が好き↓ 対人的な才能（コミュニケーションの才能）
- ◆ひとりでいるのが好き↓ 内面的な才能
- ◆バリエーションが好き↓ 博物学的な才能

います。それを見つけてあげることも子育ての大きな仕事かもしれません。

才能は子どもによってそれぞれです。言葉が得意な子もいれば、身体能力に長《た》けている子もいます。コミュニケーションが得意な子もいれば、コツコツやる職人気質の才能が高い子もいます。

そのほかにも論理的な思考が得意、デザインや配置などの空間認知に才能がある、音楽が得意、手先を使うのが好きなど、何が得意で個性になるかは子どもによって変わります。それを見極めてあげるのも親の大事な役割になります。

「うちは代々医者の家系だから」「うちはみんな東大出だから」などの理由で、子どもの個性を考えることなく、医者になることや東大に入ることを期待して「それしかない」と進む道を課してしまうと、その子が本来もっている才能をつぶしてしまうことになりかねません。

私のもとにも、そうした親の期待によってはやくから進む道を決められてしまい、自己肯定感を育てることができなくて、大人になってから苦しい思いをしている方が何人も相談にいらっしゃっています。

親の期待と見極めは違います。見極めは、子どもの好きなこと、得意なことは何かを見つけていくことです。

パリコレのモデルを務め、現在はモデル業以外でも多彩な活躍を見せているアンミカさんのお母様は、小さい頃から子どもたちに「お兄ちゃんは弁護士に向いているよ」「あなたはモデルに向いているよ」と言い続けていたそうです。

お兄さんは計画性に長けていて、アンミカさんは背が高くて足が長かったため、その個性から「この仕事が向いている」と考えたのでしょう。しかも二人ともその通り弁護士とモデルになったといいますから、見極め力の高かったお母様だったのだろうと思います。

この子はこれが向いているとの思いが、「こうなってほしい」という期待になってしまうと子どもの将来をつらいものにしてしまいますが、得意なことや好きなこと、子どもの長所を見極め、そこを子どもに伝えていくことは大切なことです。それによって子どもの脳に「自分はこれが得意」といった自己イメージが育ち、才能を開花させていくことにつながるからです。

発達障害も個性のひとつ

ＡＤＨＤ（注意欠陥・多動性障害）について広く知られてきたことで、子どもに落ち着きがなく、気持ちがあちこちに散りやすいと「もしかしたらＡＤＨＤではないか」と心配される方がいます。

席にじっと座っていられない、おしゃべりが多い、衝動性が強い、そのため集団生活が送りにくいというのはＡＤＨＤの特性です。落ち着きがないからそうなのではないかと心配になる気持ちは理解できますが、前頭前野が十分に発達していない幼児期の場合、こうした行動はよくあることです。まずは焦らないで、小学校に上がるまでは様子を見守ることも大切かもしれません。

脳の発達には個人差があるので、前頭前野の成長がゆっくり気味な子もいます。もしADHDと診断されても、そのように診断がついた男の子のうちの六〇%が、一八歳までに回復することがわかっています。

もちろん先天性のような場合は大変な部分もあるかと思いますが、ADHDの特性をもっていることは、必ずしもマイナスの側面ばかりではないことも報告されています。

注意力がコントロールできないのは視野が広いともいえますし、あちこちに興味を広げやすいともいえます。衝動性が強いのは瞬発力があるということでもあります。

エジソンにしてもアインシュタインにしても、それからモーツァルトやアンデルセンも、世界に大きな影響を与えた人にはADHDの特性をもっていた人が多いのではないかといわれています。

なかでもエジソンのエピソードは有名です。エジソンは小さい頃から好奇心旺盛で、興味があるとすぐにそちらに突っ走ってしまい、落ち着きのない子どもだったそうです。それが原因で学校をやめさせられ、以降は母親による自宅教育で育ちました。お母さんはエジソンの力を信じ、何をしても否定しなかったそうです。それが白熱電球や電話など文明を進化させる数々の発明につながったのです。

そう考えるとＡＤＨＤの特性をもっていることは素晴らしい可能性を秘めている子ともいえるかもしれません。

ですからいたずらに心配しないこと、「この子はきっとそう」とラベルを貼ってしまわないことが大切です。前述したように、親がそのように思っていることは子どもにも伝わって自己イメージを低めてしまうからです。

ＡＤＨＤの特性をもっていることもその子の個性と捉えて、その個性に合わせた育て方を大事にしてみてください。将来、偉業を成し遂げる人になるかもしれません。

脳は制限されることが大嫌い

脳は自身の可能性を広げていくことが大好きです。新しいこと、おもしろいことに反応して、どんどん学習し賢くなっていこうとします。

けれども反対に制限されることは大嫌いです。「この箱を開けてはいけません」

と言われると、かえって開けたくなりますよね。基本的に脳は、外から指示や命令をされると反発したくなる特性をもっているのです。

その脳の特性を無視して、「これをやりなさい」「これはこうしなさい」と指示や命令が増えると、脳は育つ力を失っていきます。

たとえばおもしろそうだと思うこと、興味をもつ対象は子どもによってさまざまです。外で遊ぶよりも家の中で静かに本を読んでいるほうが好きな子、絵を描いたり音楽を聴いたりすることには関心を示さないけれど、友だちと大勢でわいわい遊ぶことは好きな子など、脳のもつ才能によってやりたいこと、好きなことは違います。

そうしたやりたいこと、好きなことを思う存分やる中で、子どもの脳は創造力をはじめとした能力を高めていきます。

ですから、家の中で本を読んで過ごすことが好きな子に、「そんなことじゃダメ。外で遊びなさい」と言って無理やり外に出ることを押しつけたり、子ども自身は興味がないのに無理やり絵や音楽の勉強を強いたりすると、場合によっては脳の成長を妨げてしまうことになりかねないのです。

子どもにこうなってほしいと思うあまり、「これをやりなさい」「これはこうしなさい」と口うるさく言い続ければ、ルールを守る〝聞き分けのいい子〟にはなるかもしれません。

しかしそうした子は、成長してから「創造力」を発揮できなくなっていくことが多いと海外の研究でわかっているのです。

ルクセンブルク大学の四〇年にわたる追跡調査は、「ルールを守り過ぎる子どもは、大人になって卓越した成果を出しにくい」と結論づけています。この調査では、子どものときに規則を守らなかった子のほうが、そうでない子よりも収入の高い仕事に就いていることもわかっています。

やりたいことにダメ出しをされたり、「ここがダメだからこうしなさい」「あれはああしなさい」と言われることが多過ぎたりすると、「自分は親から信頼されていない」という気持ちにもなりやすく、自己肯定感も下がってしまいます。脳の可能性を狭めてしまうだけでなく、自分を認める力ももたせてやれないのです。

そう考えるとやはり、制限や制約を増やし過ぎず、子どもはある程度のびのびさせておいてあげるほうがよいといえるでしょう。

もちろん、危険を伴うものや相手の心身を傷つけたりする行為については、親が厳しく愛をもって教えてあげることが大切になります。また人に対する礼儀や思いやり、マナーなども教えてあげる必要があります。

私たち人間は社会的な生き物ですので、人に迷惑をかけないという最低限のルールを守ることはとても大切なことです。その上で、子どもが興味のあることを思う存分伸ばしてあげられるように、親が個性を認めてあげること、そして大切に育んであげることが脳や自己肯定感の成長につながっていくことを心の片隅においてみてください。

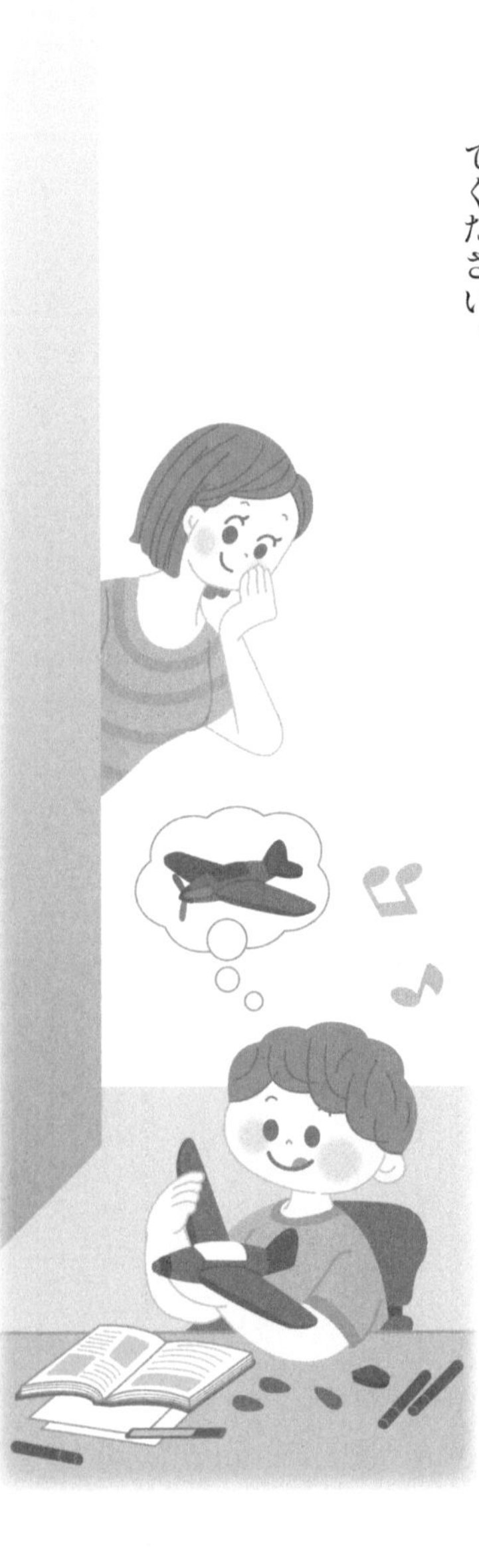

第3章

脳の成長に合わせた自己肯定感の育て方

三つの節目で育てたいテーマは変わる

ポイントは三歳・七歳・一〇歳

前章の冒頭で子どもの脳が育っていく過程を説明しました。子どもの成長は脳の成長とイコールといっても言い過ぎではありません。したがって発達プロセスに合わせて、育てていきたいテーマも、ほめ方・叱り方も変わります。

脳の成長すべき場所がまだ成長していないのに、発達に合わない要求をしても子どもは応えることができません。できないことに対して「なんでわからないの⁉」「何回言えばわかるの⁉」「どうしてできないの⁉」と子どもを責めると、自己肯定感の低い人になってしまいます。少しでも子どもへのイライラやガミガミが減らせるように、脳の成長段階を踏まえて子育てをしていきましょう。脳の育ちには大きく分けて三つの段階があります。まずはそれぞれの時期の特徴をご紹介します。

○～三歳【脳のベース形成期】脳の土台をつくる

生まれてから三歳までは、私たちが生きていくうえでの土台をつくる大切な時間になります。生まれたときはわずか三〇〇～四〇〇グラムだった脳は毎秒四万個もの神経細胞同士のネットワークをつくりながら、一歳で八〇〇グラム、三歳までに一二〇〇グラムと、大人の脳の八〇～九〇％の大きさになっていきます。

とくに一歳までは、私たちの臓器の働きを司る脳幹と、運動神経を司る小脳《しょうのう》が発達します。感情表現を促す大脳辺縁系も発達するため、およそ二歳までには「喜び」「得意」「自尊心」「怒り」「嫌悪」「恐れ」などさまざまな感情が発達します。

脳がリラックスするほどこれらの発達が促されることから、この時期は子どもに安心感（親があるがままを肯定することで得られる心理的安全性）を抱かせることが大切になります。

四～七歳【脳の建設期】人の気持ちがわかる脳へ

○～三歳まではいわゆる「原始脳（生きるために必要な「食べる」「寝る」「運

動」などを司る部分）」が発達しますが、三～四歳以降はより人間らしさを表現する「大脳新皮質」「前頭前野」が成長していきます。

とくに前頭前野は「感情コントロール」「ワーキングメモリ（短期記憶）」「行動の柔軟性」という働き（「実行機能」と呼ばれる）をもっているため、発達するほど自分の気持ちを抑えてがまんできるようになったり、指示を覚えたり、目標を達成する過程でうまくいかないとき、別の方法を探せるようになったりします。

また三～四歳以降は人の立場に立って考えられるようになるため、コミュニケーション能力を育んであげることが自己肯定感にとって大切になります。チャレンジをほめると脳が発達することも知られています。

八～一〇歳 【脳の成熟期】前頭前野が発達して大人の脳へ

八歳からは、前頭前野が急速に発達していく大切な期間になります。この場所がしっかり育つことで、「論理的に考える力」「将来をプランニングする力」「思考力」「理解力」などがどんどんついていきます。

一〇歳頃になると、脳の機能は随分と大人に近づいていくため、八歳以降は脳の高度な機能を育て、将来につながる能力や人間力を伸ばしていく大切な時期です。

育てていきたい力は多いのですが、この年代は源となる自己肯定感をより高めてあげられるように、数多くの新しい体験を通して、好きなことや目標を見つける手助けをしてあげることが大切になります。

脳の発育には個人差がある

脳の発達はこのように年代で大きく分けることができますが、脳の育ち方は子どもごとにそれぞれです。同じ年代であっても発育には個人差があり、最初はゆっくり成長し、後から急成長する子もいます。伸びていく場所も子どもによっていろいろです。ですから同年代の周りの子と比較してもあまり意味はありません。

周りの子よりできないことがあると、親としてはどうしても気になってしまうこともあるかもしれません。しかしほかの子と比較をすると子どもに厳しくあたったり、自己否定につながるような言葉を投げかけてしまったりすることが増えます。

比較するのであれば、周りではなく、子ども自身の過去に目を向けることが大切になります。以前と比べて何がどれくらいできるようになったかを比べることで、子どもの成長度合いを実感として把握できるようになります。

年齢に関係なく大事にしてあげたいこと

運動は子どもの脳の力をより向上させる

脳の研究では、身体を動かして運動すればするほど、脳の神経細胞ネットワークが形成されやすくなることがわかっています。それだけでなく、運動によって脳の情報処理速度も上がっていくことがわかっているのです。

運動すると、「神経線維《しんけいせんい》」の部分に「ミエリン」という鞘《さや》のようなものがつくられて、それが増えていきます。ミエリンはゴムの被膜のようなものと考えていただくとよいでしょう。

脳の情報伝達は電子信号で行なわれているのですが、ゴム被膜のミエリンで覆われている部分は電子信号を通さないため、その場所をワープして高速で信号が伝わっていきます。つまりミエリンが増えるほどワープする箇所が増え、情報の伝わ

運動するとミエリンが増え
電子伝達のスピードがUP！

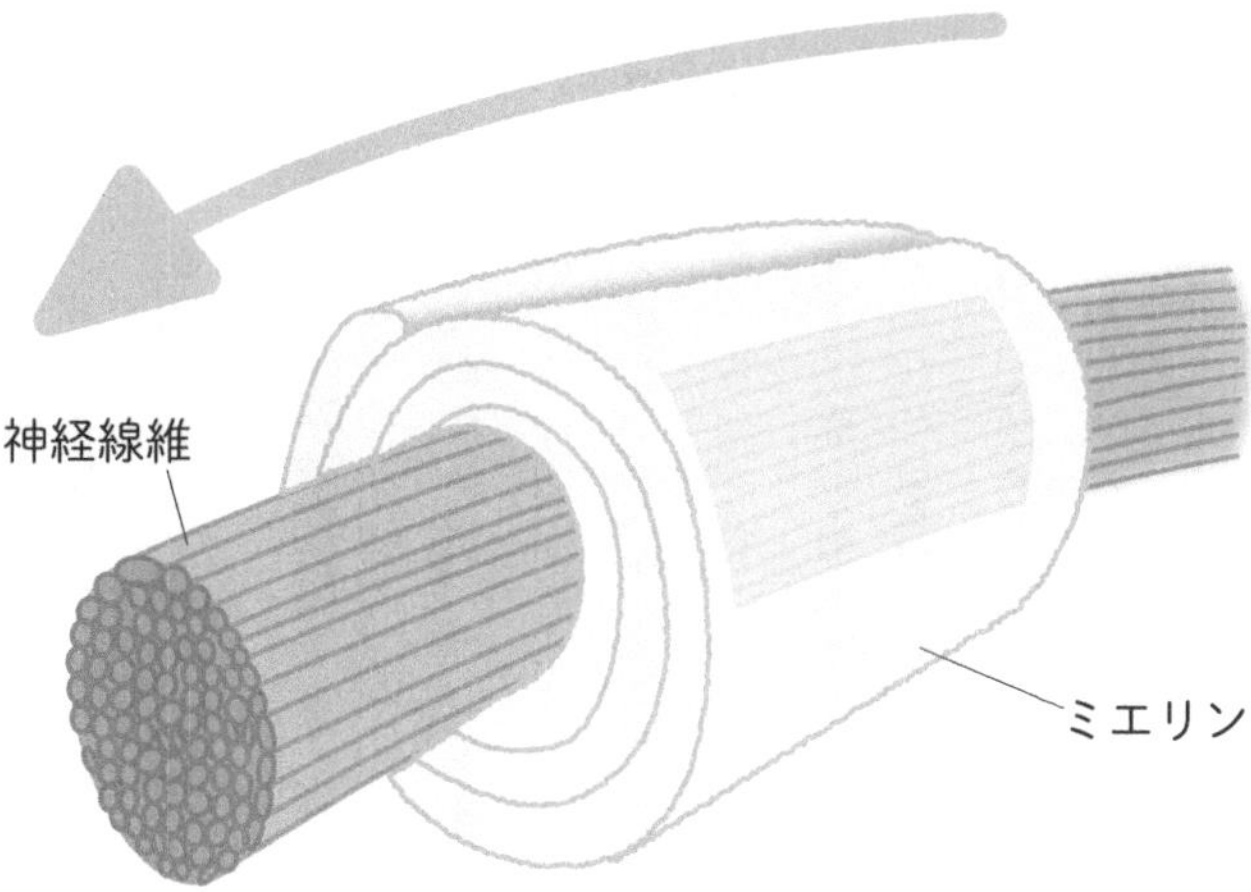

るスピードもどんどんアップしていくのです。

実際、運動ができる子や運動量の多い子は知能も発達しています。頭の回転がはやい子が多く、判断力や決断力、行動力も優れています。これも運動量が多いことでミエリン化が進み、脳の神経細胞ネットワークが高速化されていくからでしょう。

ミエリンによるネットワークの高速化は〇～三歳の時点で始まっており、それ以降もずっと起こり続けます。ミエリン化を促進させるには、歩けるようになったらなるべく歩かせたり、外で遊ばせたり、運動やスポーツをさせたり、身体を動かす機会を増やしてあげることが鍵になります。

運動の重要性は、身体を丈夫にするということだけではなく、脳全体の情報伝達の高速化を促進させてくれる点にもあるのです。子どもの脳の力を高めていきたい方は、勉強ばかりでなく運動させることも大事にしていきましょう。

自分で選ぶ機会をたくさん与える

親御さんの中には、年がら年中「～しなさい」と子どもに指図している指示率一〇〇%のような方がいます。そのように言われ続けている子は指示に従うことが当たり前となり、「内発的動機」と呼ばれる内側からのやる気が失われていきます。自分で考える力も育っていかないため、生きる力や生きる意欲をもてなくなって、成長してから苦しむことがあります。

指示をきちんと聞く子は親にとっては育てやすいかもしれません。けれども裏返せば、自分で決めたり選んだりする能力が育たず、子どもの自己肯定感が育つチャンスを奪っていることにもなるのです。

自分で選んで決めた、自らの判断で選択したという感覚は、満足度や幸福感、そして最終的に責任感を育むことにもつながっていきます。

これは私が身をもって体験したことですが、ある日三歳の息子がおもちゃ売り場からまったく離れようとしないことがありました。次の予定もあったので、最初は「もうおしまいだから、次の場所に行こうね」と伝えてみたのですが、まったく言うことを聞いてくれません。そこで私は少し考えて「あと何回やったら終わりにしたいかな？」と質問してみたのです。すると、息子は「あと四回やるの」と教えてくれました。そこで私は「そうか、あと四回やりたいんだね。そしたら、あと四回思いっきり遊んでいいよ」と伝えたところ、息子は四回おもちゃで遊んだ後すぐに、その場所を離れてくれたのです。

私たちは人からの指図ばかりだと不快に感じてしまいますが、「自分で選んで決めた」という体験は自分を信じて意見を求めてくれたうれしさとともに、自己決定の喜びを与えてくれるため、親が何も言わなくても自ら意欲的に取り組むようになります。自分で選択することで責任感が生まれ、やり遂げる能力も育ちます。

自分で選び取っていく力は、これから先の時代を自分で切り開いて生きていく際も重要になります。親御さんは意識して自己選択の機会を増やしてあげるようにしてみてください。

自己肯定感の五大要素

五つのキーワードを覚えておこう

自己肯定感を育てていくために大切なポイントはいろいろとあります。私なりにそのポイントを整理し、「これだけ忘れなければ大丈夫」という観点からまとめたのが自己肯定感に必要な五つの要素です。

年代ごとの脳の成長・発達と照らし合わせて重視していただきたい項目も変わりますが、常に五つの要素を意識して子育てをしていくことで、子どもの自己肯定感はしっかり育っていきます。

1．安心感

自己肯定感を高めるうえで最も大切なものが「安心感」です。専門用語では心理的安全性ともいわれます。

私たちは「自分が守られている」「何をしても安全である」「自分は人から愛されている」ことを認識できないと脳が不安定になり、本当の意味での自信をもつことができません。

安心感を与えるためには、プラスの言葉かけや肌に触れることが大切になってきます。とくに肌は第三の脳ともいわれており、スキンシップの量が大人になってからの自信に影響することがわかっています。

2. 成功体験

小さい頃の成功体験は、無意識の記憶や思い出に残りやすいことがわかっています。昔のよい思い出を、思い出せる子どもほど幸福度が高く、自己イメージもよく、自信をもち続けることができるようになります。

また小さなハードルをあえて乗り越えさせることで、自分は何事も乗り越えられるという感覚（自己効力感）が育まれます。どんな小さなことでもチャレンジできたことや、困難や問題を乗り越えた体験は脳と心を大きく成長させます。

3.「好きなこと」「得意なこと」がある

私たちは、好きなことや得意なことがあるほうが、自分自身を好きになりやすく、自己肯定感が高まりやすくなります。好きなこと、得意なことを見つけて認めてあげることで、確実に子どもの自尊心も高まっていくでしょう。

とくに小学生になると勉強ができること、運動ができることが自信を生み出す源泉になりやすい傾向があります。

しかし、学業だけではない「頭のよさ（たとえば、文章力やコミュニケーション能力が高い、絵を描くのがうまい、常識ではない発想をする力がある、歌や音楽のセンスがある、細かいキャラクターを覚える力が優れているなど）」をほめてあげると、自己肯定感だけでなく、学習能力も高まりやすくなります。「好きなことを見つける」については一四四ページでも触れたいと思います。

4.コミュニケーション能力

他者とうまくコミュニケーションをとれることは大きな自信につながり、幸福度まで高まりやすくなることがわかっています。

コミュニケーション能力が低いと、人とうまく意思疎通ができず、人間関係もうまく築けないため、他者から受け入れてもらうことが難しく、真の幸福を感じにくい状態になってしまいます。

相手を信頼し、自分も信頼され、ありのままの自分を好きになってもらうことは自己を肯定する大きな力となります。個人差はありますが、三～四歳くらいから他者とのコミュニケーションが活発になりますので、親が適切な方法を教えてあげることが大切になります。

5. 目標や目的があること

「これが本当にやりたい」といった夢や目標があると、脳は活性化して自己肯定感が高まることがわかっています。詳しくは「児童期（八～一〇歳）好きなことを見つけて、目標を見いだす時期（一四四ページ）」でも触れますが、目標や目的の中でも「人のために貢献したい」「社会のために役立ちたい」といったものを目指すと、より幸福度が高まり、豊かな人生を実現しやすくなります。

自己肯定感を育てる五つの要素

コミュニケーション能力

成功体験

安心感

目標や目的があること

好きなこと＆
得意なことがある

ビジネスやスポーツの分野でも自己肯定感の高い人たちを見ていると、「世の中をよくしたい」「人の役に立ちたい」と考えている人が多いように思います。

私たちは自分だけのために目標を追い求めても意外と力が出ませんが、誰かのためを思うと驚くほどの力が出ることがあります（たとえば、自分のためだと早起きできなくても、子どものお弁当をつくるためだったら、パチッと目が覚める親御さんも多いのではないでしょうか）。

また、人に貢献することで多くの人が喜んでくれるような体験は、自分がこの世の中で役立っているという感覚を育み、自己肯定感をより高めてくれます。

子どもも「人のために」「社会の役に立つために」という思いで目標や目的をつくると、長い時間がかかっても目標実現に向けてがんばれるようになり、結果もうまくいきやすくなります。そうした思いを秘めてがんばれる自分を誇りに思うようになり、自信までもてるようになるでしょう。

次のページからは、自己肯定感の五大要素に基づいて「〇～三歳」「四～七歳」「八～一〇歳」の各年代で、どのような点を大切にすればよいのか、親が実際に悩みやすい事例や実例なども紹介しながら見ていきたいと思います。

乳児期（〇〜三歳）

安心感を与える（土台づくり）

しっかりとした土台は「安心感」から

乳児期でとくに重要視してほしいのが、親から大切にされ愛されている実感をもたせてあげることです。自己肯定感に限らず、子育てを成功させるすべての出発点がここにあるといっても言い過ぎではありません。

赤ちゃんはまだ言葉がわからないからと考えて、言葉かけをあまりしてあげていない方もいますが、しゃべることはできなくても子どもはしっかり親の言葉を聞いて、そこから伝わる温かな愛情を感じ取っています。

抱っこされたり、頭をなでられたり、やさしく抱きしめられたりといったスキンシップも脳によい刺激を与えて脳の成長を促します。安心感をもたせてあげるためにも、やさしい言葉かけとスキンシップを意識して増やしてあげてください。

三歳までは叱ることが多かったり、「ダメ！」「いけないでしょ！」の言葉があまりにも多過ぎたりすると、親に愛してもらえていないのではないかという気持ちが芽生えやすくなります。前頭前野が未発達のうちは「がまんができなくて当たり前」という意識をもっていただくことも大切です。

また、たくさんの初めての体験は、五感を大いに刺激して脳を活性化させ成長を促してくれます。外に連れ出して外界に触れる機会を増やしてあげてほしいですし、着替えやボタンはめなどを自分でやりたがったら、なるべく手出しをしないで見守ってあげましょう。

上手にできないのは当然なので、自分の力でやれたことに満足感をもたせてあげられるよう「ひとりでやろうとしてえらいね！」「すごいね、自分でできたね！」など、挑戦しようとしている姿をほめてあげてください。

自己肯定感の根底を支えるのは親から認められている実感です。乳児期にここをしっかりと育てていくことで「何があっても親は信頼してくれている」という安心感をベースに、いろいろなことにも挑戦していけるようになります。

豊臣秀吉《とよとみひでよし》は、小さいときからずっと母親に「お前は特別な人になる」と言われ続けたそうです。母の仲《なか》（のちの大政所《おおまんどころ》）は、農民の子だった秀吉に口癖のように「特別な人になるよ」と言い続け、秀吉が友だちからバカにされたときも「そんなのは気にしなくていいよ。お前は必ずすごい人になるから」と伝え続けました。

秀吉が天下をとった根底には、親が自分の存在を認めてくれているという安心感があったのでしょう。この時期に「自分は大切な存在である」と、自分を肯定する気持ちを育ててあげられるのは親しかいないかもしれません。

イヤイヤ期を否定しない

〇～三歳の時期の子育てにおいて、いちばんの難所が「イヤイヤ期」かもしれません。何を言っても、何をしてあげても「イヤ」と言って泣きわめくことが増えてくるので、ノイローゼ気味になるお母さんも増えます。

でもイヤイヤが始まったということは、子どもの中に自我が育ち始めてきた証拠です。子どもの「イヤ」を否定しないで、その理由を聞いて理解してあげることで安心感が育ち、自己肯定感につながる基盤がつくられます。

最初は何か理由があって泣いていたのに、泣いているうちに子ども本人も理由がわからなくなって、泣くことが止まらなくなってしまったというような場面もあるでしょう。親のほうもついイライラして叱ったり、厳しい言葉を投げかけたりしがちですが、そこは根気よく、子どもの様子を客観的に見て、泣いたり叫んだりしている理由を理解してあげてほしいと思います。

美智子《みちこ》上皇后《じょうこうごう》が育児方針について語られたこのような言葉があります。

「子どもを育てるのは人間の心が中心になるので、何よりもまず本人の幸せを望みたい。いちばん大切なのは、両親が子どもの個性や発達の型を見極めて、深い愛情と忍耐で子どもの心を大事に育てることだと思います」（一九六〇年九月一九日記者会見）

このお言葉の中には乳児期の子育ての大切なエッセンスが詰まっています。とくに深い愛情と忍耐は、自己肯定感を育てていくうえでも不可欠です。

今は仕事をもちながら子育てをしている親御さんが多いので、毎日が忙しく「子どもとゆっくり向き合う時間なんかもてない」と感じることもあると思います。けれどもそこは将来につながる投資と思って、忍耐で子どもと向き合ってあげてください。後で必ず大きなお返しとなって戻ってくるでしょう。

CASE① 夜泣きが激しい

夜泣きの原因として最も有力と考えられるのは、授乳しながら寝かしつける習慣です。親が添い寝をする習慣がない欧米の子育てでは、授乳しながらの寝かしつけはしていません。そうした意味では日本独特の習慣といってよいものですが、ミルクをあげると子どもがグズらずに寝てくれることもあって、日本のお母さんの多くがこれを行なっています。

六カ月から一歳半頃までの子どもは、脳の発達の関係で眠りの浅い時間帯のほうが多くなります。うっすらと眠くなってきているときにミルクを与えられると、ミルクがなければ眠れないようになり、起きたときにミルクがないことで「ほしい！」と夜泣きをするようになります。

ある特定の条件を強化することで脳が学習する仕組みを、専門用語で「オペラント条件づけ」といいます。眠くて泣いた↓ミルクをもらえた↓また眠くて泣いた↓またミルクがもらえたという体験を繰り返すと、脳は「泣けばミルクがもらえる」

と学習してしまいます。それが「目覚めたときにミルクをほしがって泣く」につながっている可能性が高いのです。

また寝る前の飲食は胃腸に血流が集中することで眠りを浅くします。これは大人だけでなく赤ちゃんも同じです。寝る前にミルクを飲むことで、血流が消化吸収のために胃腸に集まり、眠りが浅くなって目覚めやすくなることも夜泣きを助長させる一因かもしれません。

ですから夜泣きを減らすには、授乳に代わる眠りの習慣をつくってあげるとよいと思います。

これは我が家の例ですが、子どもが一歳のとき、それまでなかった夜泣きをするようになりました。原因を探っていくとベッドでミルクを飲むようになってから夜泣きをするようになったことがわかり、その習慣を変えることにしました。

といっても、それまでの習慣をガラリと変えてしまうことで、夜泣きがもっとひどくなる可能性があります。そこでベッド＝ミルクで学習した脳の習慣を変えるため、ミルクをほしがったら別の場所に連れて行って、そこで飲ませてからベッドに寝かすようにしたのです。

同時に、寝かしつけの絵本を読んで、キラキラ星の歌を聞かせるという眠りのための儀式をつくりました。するとベッドでミルクを飲みたがらなくなり、キラキラ星を歌うとスーッと眠りについて、夜泣きもぱったりなくなりました。

眠りにつくまで親が傍にいてあげる日本のやり方は、子どもの安心感を高める意味でもよいことだと思います。ただし夜泣きがあって、なおかつ授乳の習慣がある場合は、まず寝る前のミルクをやめてみてください。

代わりに、言葉がわからなくても絵本を読んであげる、子守唄を歌うなど、子どもが安心して眠りにつけるような入眠のための儀式を用意してあげるとよいでしょう。

スポーツ選手には、気持ちを鎮め、集中力を高めるために「ルーチン」と呼ばれる動作を行なう人がいます。二〇一五年のラグビーワールドカップでは、コンバージョンを蹴る前の五郎丸歩《ごろうまるあゆむ》選手のルーチンが一躍有名になりました。野球のイチロー元選手にもバッターボックスに立ったときのルーチンがありました。

子どもにも、眠りにつくためのルーチンを授乳以外でつくってあげましょう。

CASE② 抱き癖が心配

かつては子どもが抱っこをねだっても、抱き癖がつくから抱っこはしないほうがよいといわれていた時代がありました。しかし現在は反対に、子どもが要求してきたときは何を差し置いても抱っこしてあげるほうがよいと変わっています。

カナダのブリティッシュ・コロンビア大学が二〇一七年に発表した研究報告からは、赤ちゃん時代にたくさん抱っこされた子どもは、抱っこされなかった子と比べ、四歳半時点で「免疫と代謝に関する遺伝子」の発達が良好だったことがわかりました。抱っことという肌の触れ合いは遺伝子にも影響を与え、身体の健康を維持するために欠かせない免疫機能と代謝機能を高めてくれることがわかったのです。

また抱っこの効用は、脳内物質「オキシトシン」の分泌を促してくれるところにもあります。オキシトシンは「愛情ホルモン」「絆ホルモン」とも呼ばれているものので、分泌されると抱っこやスキンシップをしてくれた相手に対し、愛情や信頼を深める働きをします。さらに、感情や情動を司る扁桃体に作用して穏やかな気持ちにさせ、安心感や安らぎも高めてくれます。

幼少期は安心感を与えてあげることが最も大切な子育てのポイントとなります。そう考えても、抱っこやハグといったスキンシップをしてあげたほうが、子どもの成長にはよいことのほうが多いのです。

ただし、ときには抱っこまでちょっと時間をかけてみることも大切です。サルの親子の実験では、親がずっと抱っこしたままの子ザルより、短い時間だけ親から離された子ザルのほうがストレスへの対処がうまく、前頭前野の機能が高まっていることが明らかになっています。

人間も同じように、抱っこをねだられて毎回すぐに抱き上げてやるよりも、五～一五秒ほど子どもにがまんさせてから抱き上げてあげるほうがストレスに強くなる可能性があります。ときには要求のままにすぐに抱っこをしてやり、ときにはちょっと待ってから抱き上げる。このように愛情と少しの試練を与えることで、子どもはさらに強い子に育っていくでしょう。

CASE③ 祖父母から会うたびにおもちゃを買い与えられる

祖父母は概して孫に甘いものです。最近は少子化で孫の数が少なくなっていることもあるのか、会うたびにお小遣いやおもちゃを買い与えるおじいちゃん、おばあちゃんは少なくありません。

買ってあげたい気持ちはわかるのですが、キャラクターやヒーローもののおもちゃ、性能やカタチが本物そっくりのおもちゃなど、凝っている既製のおもちゃで遊んでばかりいる子は、身近なもので創意工夫して遊ぶ機会が減ってしまい、創造力が育ちにくくなります。

おもちゃでも、考えたり工夫したりしながら遊べるパズルや、知的好奇心が満たせる知育玩具のようなものならよいと思いますが、創意工夫の余地が少ない凝ったおもちゃは、遊びのバリエーションが広がらないだけに子どもの脳が刺激されず、その分飽きるのもはやくなります。

またたくさんモノを与えられている子ほど、大きくなってからワガママになりやすい傾向がありますし、遊びを通じての幸福感や満足感が得られないことで、自己肯定感を育てる機会が少なくなってしまい、自尊心なども育ちません。

海外の研究では、「自尊心が低い子どもほど、モノをたくさん買っている傾向がある」との報告も見られます。自己肯定感が満たされないことで、その代償としてこうした行動が多くなるといわれています。

自己肯定感が満たされないまま成長すると、大人になってからもモノを買って幸福感を得ようとする物質主義的な人にもなりかねません。モノをいくら買っても空虚感や満たされない感覚が埋められないことは、脳科学的にも心理学的にも明らかにされています。

そうした大人になりかねないことも考えて、祖父母には既製の凝ったおもちゃを買い与えることは控えてもらうほうがよいでしょう。代わりに情操教育につながるもの、自己肯定感を高めてくれるようなものをプレゼントしてほしいとお願いしてみてはいかがでしょうか？

孫の脳と心の成長を理由にお願いすれば、祖父母も理解してくれると思います。

〇～三歳は、外界からいろいろな刺激があることで脳が育っていく時期でもあるので、たとえば水族館や動物園、遊園地の年間パスポート、絵本や図鑑といったものをお願いしてみるのもひとつのよい方法かもしれません。

米国ウィスコンシン大学の研究者は「消費行動においては、旅行、娯楽、スポーツ、スポーツ関連用品などレジャーに関するものが唯一、幸福度を高める」と述べています。ですので、四歳を過ぎた頃からは、旅行や子どもの好きなこと、好きなスポーツに関するものをプレゼントしてもらうのもよいでしょう。

孫に喜んでもらいたい、かわいい孫に何か贈りたいという気持ちはありがたく受け取りつつ、せっかくですから子どもの能力の成長につながるものにお金を使ってもらえるといいですね。祖父母の気持ちとお金は、体験につながるような何かに投資してもらいましょう。

CASE④ イヤイヤが激しい

子どもの「イヤ」は基本的に、満足していないことが原因で起こります。

たとえば何かで遊んでいるときにご飯の時間になって、そこで無理に食卓につかせると、遊びをやめさせられた不満が残って「イヤ」が始まりやすくなります。

親としては「お風呂にも入れなきゃいけない、寝る時間も迫ってきている、だからはやくご飯を食べてほしいし、食べさせなきゃ」という気持ちが先行してしまいますが、今やっていることを飽きるまでやらせてから「ご飯を食べようね」と誘うと、すんなりご飯を食べてくれることが多いのです。

イヤイヤが激しくて困っている場合、親の都合で子どもに何かさせていないかを振り返って考えてみてください。イヤイヤ期の二歳頃の子どもは「自分はこうしたい」「これがやりたい」と思っている気持ちをまだ言葉でしっかり説明できません。そのため「イヤ」のひと言で自己主張をしています。そこには何かしら理由があります。すぐに「ダメ」を言わないで、その理由を聞いてあげることでイヤイヤも減っていきます。またテクニックとしては次の二つを試してみてください。

①条件をつける

「これをあと二回やったらご飯食べようね」のように、前もって簡単な約束を伝えておき、「じゃあと一回。これで最後ね」「もしやるんだったらこれで最後だよ、いい？」と聞いてあげるようにします。最初はわからなくても、条件づけを毎回繰り返していると、脳が「そういうもの」と学習し、「イヤ」を言わないでやってくれる場面が増えてきます。

約束をしても「イヤ」というときは、「さっき二回やったらおしまいって言ったでしょ？　だからもう終わりなんだよ」と丁寧に繰り返してあげてください。条件をつけることで「イヤ」という反応が薄まり、お母さんもラクになっていきます。

②フォーカスを変える

遊んでいるときの子どもは、遊んでいるモノに気持ちが向いています。その気持ちを別の何かに向けてやりましょう。

前頭前野が発達しきっていない三歳ぐらいまでは、短期記憶が苦手で忘れるのもはやいので、フォーカスを変えてあげると興味がそちらに向きやすくなります。「クマちゃんがいるから、こっちで一緒にご飯を食べよう」「あっちに何かおもしろいものがあるよ。行ってみない？」と声をかけて、やってほしいことに気持ちを向けることで「イヤ」を言わずに行動してくれることがあります。

子どもの様子を見て、その子に合わせていろいろ試してみてください。理由を聞いてもわからないイヤイヤは、「そうなんだ。嫌なんだね」と気持ちを受け止めて、落ち着くまで様子を見るのも方法です。

何を言っても「イヤ」と抵抗されると気持ちが疲れてしまうと思いますが、イヤイヤが激しい子は自己主張をしっかりできる子ともいえます。小さいときに聞き分けが悪い子ほど、大きくなってから成功するという調査データもあります。

「この年齢で、これだけ自分の意見というものをもってるなんて、この子はすごい」「大きくなったら何かで成功するかも」と明るく考えるようにすると、子どものイヤイヤに対する見方も、「また始まった。うんざり」から「将来が楽しみかも」に変わってくるかもしれません。

CASE⑤ じっとしていられない

この年代の子どもは基本的にじっとしていることが苦手です。エネルギーが高い子ほど興味・関心があちこちに移りやすく、落ち着かないことも増えていくので、「じっとしていられないのは好奇心旺盛な証し」と、まずは思ってあげましょう。

もうひとつ考えられることはカロリー不足です。脳へのカロリーが足りないと前頭前野の活性が落ちて、行動を抑制する力も落ちやすくなります。おなかが空いていてじっとしていられない可能性もあるので、脳のエネルギー源になる炭水化物や糖分を補給するため、おにぎりを一個食べさせてあげたり、甘いおやつを少しあげたりするとよいでしょう。

また睡眠不足も前頭前野の活性を妨げます。睡眠の質があまりよくないときなどは、落ち着きがなくなったり、イヤイヤを頻発したりすることがあるので睡眠が足りているかも気をつけてあげてください。じっとしていられないのは、おなかが空いているからかもしれない、しっかり眠れていないのかもしれないと少し視点を変えて考えて、それらを解消してあげるようにすると、子どもの落ち着きのなさが減っていくことがあります。

また、これはお母さんにもいえることです。夕方になるとイライラしてくるお母さんが多いのですが、毎日やることがいっぱいで睡眠不足になりやすいことに加え、夕方以降はとくにやることが多いため空腹のまま動くことが増えます。栄養不足と睡眠不足で脳の働きが落ちてきているところに、子どももカロリー不足で聞き分けがなくなっていくため、感情が爆発してしまいやすくなるのです。

ですからお母さんも、小腹が空いたら何でもいいから食べ物を口にしましょう。また睡眠不足には仮眠が効きます。昼に五分ほど目をつむって横になるだけで違いますので、子どもがお昼寝をしているときにぜひご自分のケアもしてください。

子どもの昼寝タイムはたまっている家事の片付けや、子どもが起きているときにはできないことをやろうとしがちですが、子どもへのイライラを増やさないためにも、まずはリラックスして心身を休めることが先決です。

ソファなどに横になって、リラックスしているときの自分をイメージするだけでも、脳内にセロトニンが増えて気持ちが落ち着いてきます。旅行先のビーチリゾートでのんびりしたときのことを思い出したり、温泉につかって心身の疲れが和らいでいったときのことを思い浮かべたりしてみるとよいでしょう。

コーヒーの香りにはリラックス効果もあるので、仮眠がとれないときはコーヒーの香りを嗅ぐのもよいと思います。

また子どもが寝ついた後に、自分だけのためのマイタイムも必ずもつようにしましょう。テレビを観るでも、本を読むでも、ネットを見るでも、アロマを焚《た》いて入浴するでも、やっていて幸せを感じる自分だけの時間をつくってください。

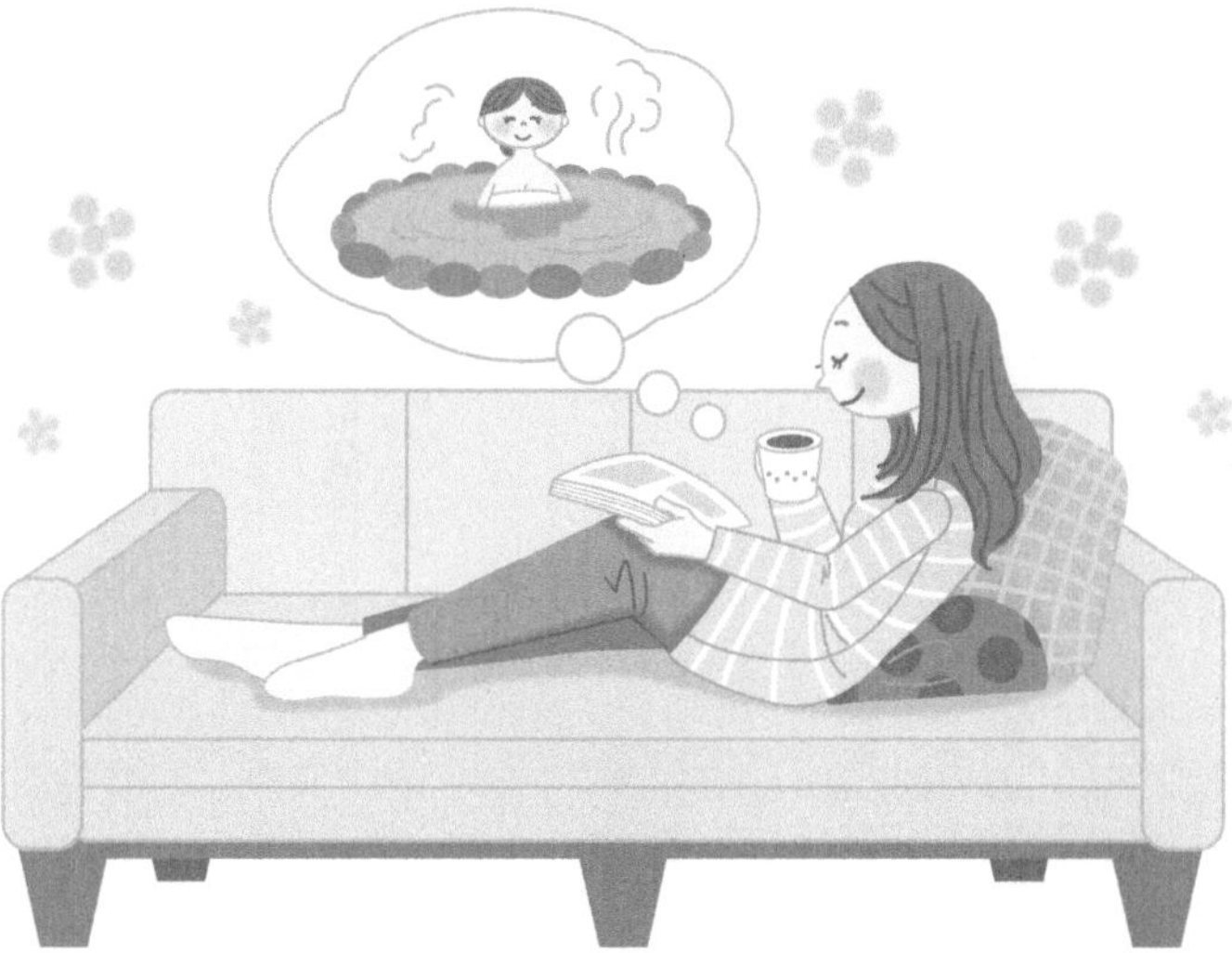

CASE⑥ ご飯を食べたがらない（ご飯で遊ぶ）

大人も同じですが、おなかが空いていないときに食欲は出ません。子どもがご飯を食べたがらないのも、ひとつにはおなかが空いていない可能性があります。おやつの量が多かったり、外遊びなどで身体を動かすことが少なかったりしていないか、ちょっと振り返ってみましょう。

食べたくないのに無理に食べさせると、食事をすることに嫌なイメージがついてしまいます。一日の食事量を考えて全体的にちゃんと食べられているようなら、一回ぐらいしっかり食べなくても、身体の成長には影響しません。

食べたくなるまで待つこと、食べなかったら食べなかったで、あまり神経質になり過ぎず「まあいいや」と思うことも大切にしましょう。「ちゃんと食べなきゃダメでしょ！」「せっかくつくったのになんで食べないの！」が多いと、食べられない自分はダメと思うようになって子どもの自己肯定感に影響します。

食べる意欲を高める工夫も大切にしてみてください。

小さいうちは、あまり食べたがらなかったものを気まぐれ的に食べてくれることもあります。そのときに大げさにリアクションしてほめると、それ以降も食べてくれる可能性が高くなります。

たとえばニンジンにはそれまで手をつけなかったのに、その日は口にしてくれたというとき、「すごい！ ニンジン上手に食べられたねー」「ひとつも残さず食べちゃったの？ すごい！ かっこいいなあ！」と親が手放しで喜ぶと、子どももうれしい気持ちになります。ちゃんと食べれば親が喜んでくれるとわかると、一生懸命食べてくれるようになります。我が家もこの方法で、息子のニンジン嫌いをなくしました。

「いっぱい食べたね！ どんどん大きくなれるよ！」「〇ちゃんは、いろいろなものを食べられてえらいね！ 食べることが大好きなんだね」と、食べることが喜びになるようなほめ言葉をたくさんかけてあげましょう。

また平日は難しいかもしれませんが、お父さんも一緒に、家族みんなでご飯を食べる場も増やしていくとよいと思います。家族団欒《だんらん》で食べることは子どもにとっても楽しいことです。

家族が食べる姿を見ると、ミラーニューロンが機能して子どもも食べるようになります。普段はあまり食べないものも、お父さんやお母さんやきょうだいがおいしそうに食べている姿を見て「食べる」と言い出すことがあるのです。

お母さんは台所に立ったままで、子どもだけ先に食べさせるご家庭も多いようですが、そこにいる家族が一緒に食卓を囲む体験も大事にしていきましょう。

子どもがご飯を食べない理由として、ほかには「その味が嫌い」もあります。

味覚というのは脳の記憶です。これにはバタークッキーと特殊なゴーグルを使ったおもしろい実験があります。その特殊ゴーグルをつけると、目の前に置いたバタークッキーがCGでチョコレートクッキーに見えます。そのままクッキーを食べると、バタークッキーなのになんとチョコレートクッキーの味がするのです。

この実験からもわかるように、食べ物の味というのは脳が記憶している情報です。ですから初めて食べたときの味がおいしくないと、そのことが脳に記憶され、目の前に出てきたときに「まずいから食べたくない」になります。

「嫌いだから食べたくない」をなくすには、最初に食べるときに「おいしい」と思わせること、一回食べて嫌いになったものは、調理の仕方を変えたり、形をわからなくして食べさせたりすることがポイントになります。

基本的に子どもは甘い味だとよく食べてくれます。野菜嫌いという子は結構多いのですが、野菜の甘みが感じられるような調理法にしたり、独特の香りがあるものは小さく切って食べさせたりするとよいと思います。

私がサポートさせていただいている保育園の保護者の方は、調理する鍋を当時話題の鋳物ホーロー鍋に変えたところ野菜の味が甘くなり、それまで嫌いでまったく食べなかった子が野菜をパクパク食べるようになったそうです。

子どもが好まないといわれているものでも、最初に食べて「おいしい」と思ったものはそれが記憶されるので、出されるとちゃんと食べてくれるでしょう。

そして食べたらとにかくほめてあげましょう。それまで嫌だな、苦手だなと思っていたものを食べられたというのは、子どもにとって乗り越え体験のひとつになります。自信をもたせてあげるためにも思いきりほめてあげてください。

幼児期（四〜七歳）種をまく時期（柱を立てる）

体験を通して好き・嫌いを理解する

この年代は自己がしっかりしてきて自分の好き・嫌いがわかってくるようになります。自分はどういうものが好きで、どういうものが嫌いかを実感の中で理解できるようになり、好きなこと、おもしろいことをやることで脳の神経細胞ネットワークが育っていきます。

脳内では不要な回路がなくなって、必要な回路だけが残されていく「刈り込み」が行なわれているので、楽しい、おもしろい、うれしいと感じる機会や体験を増やしてあげることが子どもを成長させるポイントのひとつです。

それには子どもの様子を見ながら、やりたいこと、好きなことを見つけ、そこを尊重していってあげることが大切です。とくに大事なことは、いろいろな体験を一度はさせてみることです。

大人にしても、人から誘われて乗り気でなかったのに、行ってみたら意外と楽しくて「行ってよかったな」と思うことがありますね。つまらなそうと思っていたことから新しい発見があることもあるので、自分の思考の枠だけで考えず一度はやってみることが大切です。やってみてつまらなかったらやめればよいのです。

これは子どもも同様です。子どもの場合は生まれてから数年しか生きていないのですから未体験のことがたくさんあります。親が環境を整え、さまざまな体験にチャレンジしてみる中で好き・嫌いの感情を育んでいけるようにしてあげましょう。


うまくできたりしてうれしかったことは記憶の中にも残りやすくなります。海外の研究で過去の成功体験を振り返る人ほど幸福度や自信が高いことがわかっていますので、うれしかったこと、楽しかった体験を大きくなってからも思い出せるように、プラスを振り返ることも大切にしてください。

「幼稚園で縄跳びをやったとき、できるまであきらめなかったね。だから三〇回も跳べたんだね」「この前、海に旅行に行って楽しかったね。最初は波が怖くて入れなかったけれど、最後は楽しくて帰りたくないって言ってたよね」など親子で一緒に振り返る機会をつくるのもおすすめです。

デジタルデータで残している写真も、ぜひプリントしてアルバムとして残しておくとよいでしょう。ときどきアルバムを開いて、楽しかったことやうれしかったことを振り返っていくと、子どもの記憶の中により残りやすくなります。

言葉の力を伸ばす

四～七歳は物事を理解する力が育ってくる時期でもあるので、親をはじめ、人とのコミュニケーションもしっかりできるようになります。

そうした年代だからこそ意識して育んであげたいのが「言語能力」です。この時期の言語能力は小学校の学習能力にもつながっていくことが示されています。

米国ライトステート大学が、二八一人の幼稚園児を対象に言語能力と学力との相関を調査したところ、幼稚園時代に言語能力が高かった子ほど、小学校四年生時点での数学能力と文章理解力が高いことがわかりました。

文章を理解する力はあらゆる教科と関係します。言葉の力をつけてあげることは文章を理解する力に直結するため、勉強全般ができる子にしていくには語彙力を豊富にしてあげることが秘訣なのです。

語彙が豊富だと、考えるときに使う言葉の数も増えるので思考力も育ちます。もちろん人とのコミュニケーションもうまくなります。

語彙を豊かにするには小さい頃から本の読み聞かせをたくさんして、親がたくさん語りかけて言葉のコミュニケーションをしっかりとっていくことが大事になります。図鑑を見ることも言葉のレパートリーを増やすのに効果的です。

また意外に感じるかもしれませんが、音楽も子どもの言語能力を高めてくれることが海外の研究などでわかっています。四〜五歳の頃に音楽をよく聴いていた子は言葉を使う能力が発達し、小学生になってからの識字能力が高い傾向にあったり、コミュニケーション能力が高かったりすることが明らかにされているのです。

音楽は、脳の中の会話に関する部位を成長促進させるとの報告もあります。音楽と言葉にはリズムという共通項があること、聴覚が刺激されて脳の発達が促されることなどが言葉の力を高める理由かもしれません。

子どもが嫌がらなければ楽器を習わせるのもよいでしょう。いろいろな音楽を聴かせたり、一緒に歌を歌ってあげたりするだけでも言語能力は違ってきます。

禁止するときはきちんと理由を伝える

言葉のコミュニケーションをとるという観点から、もうひとつ大切にしていただきたいのが、子どもにきちんと理由を伝えるということです。

なかでもしてほしくないことをしたときほど、どうしていけないのか、なぜそれをしてほしくないのかは丁寧に伝えてほしいと思います。

「子どもは言ってもわからない」と言う方もいるのですが、言葉が理解できるようになる四歳以降は説明すればちゃんと理解できます。言ってもわからない子、言うことを聞いてくれない子は、じつは親が理由を伝えていないことが多いのです。

お母さん方の様子を見ていると、「スーパーでは走っちゃダメ！」「モノを投げたらダメ！」など、「ダメ！」「よしなさい！」「そんなことしないで！」で終わっている方が意外と多いように感じます。

禁止の言葉だけで終わってしまうと、子どもの問題行動はその後も続きます。お母さんの剣幕で瞬間的にはやめますが、しばらくすると再びやり出す可能性が高くなります。子どもにしてみたらダメの理由がわからないからです。

ですから禁止するときは、「スーパーで走ったら人にぶつかってケガをさせちゃうかもしれないし、商品を倒したりしてお店に迷惑をかけてしまうからダメだよ」「モノを投げたら、誰かに大ケガさせるかもしれないから危ないんだよ」など、いけない理由も伝えましょう。こうした叱り方をしていると、子どもの問題行動そのものも少なくなっていきます。

また、子どもが「これをやりたい」や「あれをやりたくない」と言ってきたときも、頭ごなしに「なんで⁉ ダメに決まっているでしょ！」と言うことは減らしましょう。私たち大人も、このような言われ方をしたらカチンと頭にきます。嫌な気持ちになって、こんな人の言うことなんか金輪際聞いてやるものかと思うかもしれません。子どもも同じ気持ちになるのです。

親に時間がないときや忙しくしているときほど、ついこうした言い方が増えてしまいがちです。子どもの言うことをしっかり聞いてあげられない状況は理解できますが、親の言葉が言語能力に影響してくる年代だからこそ、丁寧に対応していくことを大事にしてあげてください。

「それがやりたいのね」「そうか、それはやりたくないのね」と、まずは子どもの言葉を復唱してあげると、親に理解してもらえている安心感が生まれます。その後に「今は時間がないから、帰ってきて時間があるときにたくさんやろうね」「この練習をしておかないと本番で上手にできないよ」など、ダメな理由を伝えてあげましょう。

子どもの言葉を復唱すること、できない理由を伝えること、この二つを意識して大切にしていくことで、親の言葉をすんなり理解してくれる子になります。

子どもがまったく言うことを聞いてくれないと困っていらっしゃったお母さんに、「この二つをやってみてください」とお伝えしたところ、半年後に「子どもがものすごく変わって、親子の関係がとてもよくなった」という報告をいただいたこともあります。四〜七歳は親子の関係を軸にいろいろなことを学んでいきます。ですから能力につながる種を子どもの中にたくさんまいていってください。

子どもの言動を禁止するときは…

・「ダメ！」「よしなさい！」「そんなことしないで！」などの禁止の言葉で終わらない
・子どもの要望に対して頭ごなしに禁止しない

・子どもの言葉を復唱して、気持ちに寄り添う
・ダメな理由を伝える

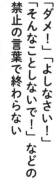

能力は無限に伸びることを教える

四歳以降は自分と人とを比べるようになります。「○○ちゃんはできているのに、自分はできていないからダメだ」といった比較をするようになってくるので、自己肯定感のためには親の言葉がとても大切になってきます。

とくに、この年代だからこそしっかりと伝えてあげたい大事なことがあります。「人の能力は生まれつき決まっていない」ということです。脳は使えば使うほど無限に伸びていきます。このことをわかっている子ほど学習能力も上がりやすいことが明らかになっています。

ですから「お母さんの頭が悪いから、あなたも頭が悪いのね」「お父さんもお母さんも何でもすぐにできる子どもだったから、あなたもできるはずよ」など、生まれつきの能力で人は決まってしまうといったイメージをもたせる言葉かけは避けてください。

これが多いと比較が激しくなり、人を上下で見るようになります。将来の人との関係づくりにも影響してきます。

たとえば能力が自分より上だと感じた人に大きな引け目を覚えて、自信がもてなくなったり卑屈になったり、自分より下と感じた人には自己承認欲求を満たすために威張ってみたり、いじめに走ったりする可能性があります。

そうした人にならないように、生まれつき能力は決まっていないということを子どもに教えてあげる必要があるのです。

そのためには前の項で触れたように、新しいチャレンジをしたときに努力やプロセスをほめ、「この前はがんばってやれてすごかったね」と振り返ることが大事になってきます。それを繰り返すことで、子どもはいろいろなことができるようになります。そこから上達する喜びも経験できます。自分が成長している実感をもてることで、体感として「頭は使えば使うほどよくなっていくんだ」がわかるようになるのです。

能力は生まれつきのものではなく、頭は使えば使うほどよくなっていくという考え方をもっている子は、小学校や中学校に上がったときに学力が大変伸びることもカリフォルニア大学の実験で証明されています。

こうした子はコミュニケーション能力も高くなります。まだうまくできない子が

「能力は無限に伸びる」と考える子ほど頭がよくなる

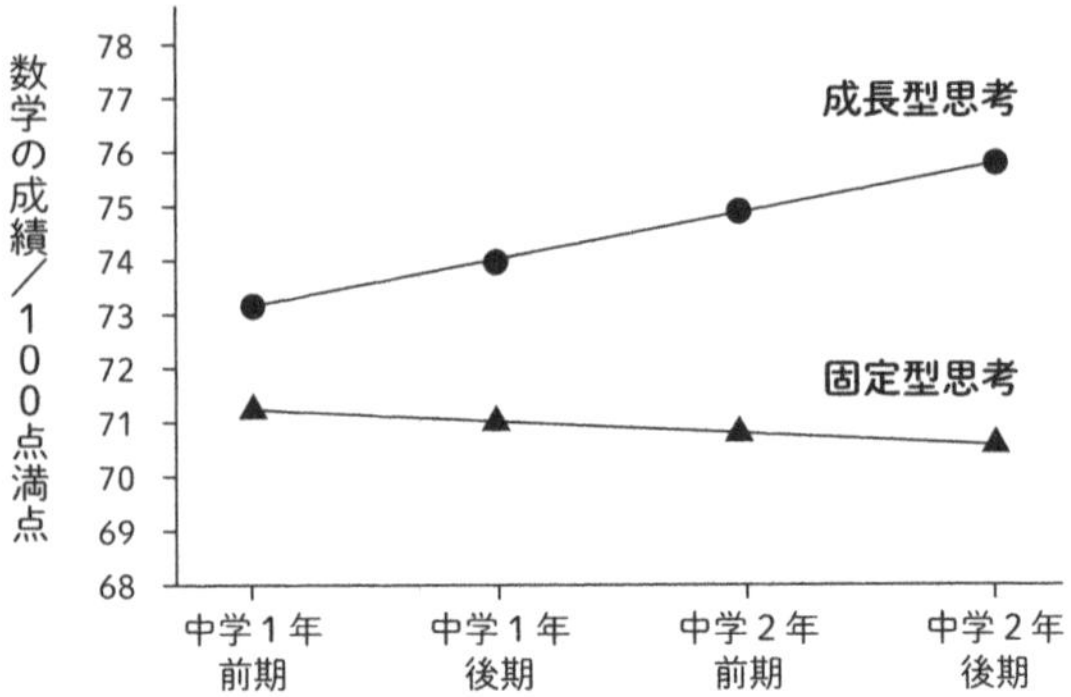

小学校のとき同じ成績だった子でも「能力は無限に伸びる」「知能は変えられる」と信じていた子ども（成長型思考）は中学校に上がると数学の成績が伸びていきます。逆に「能力は生まれつき決まっている」「知能は変わらない」と信じていた子ども（固定型思考）は成績が落ちていきます。

（L.S. Blackwell,et.al.,Child Dev.Vol.78(1),2007）

いても見下すようなことはせず、「まだできていないだけなんだね。これからもっとできるようになるし、上手になるね」と言える素晴らしい子になっていきます。

人にこのように言える子は、自分に対してもそう思うことができるのです。「今はまだこのレベルだけれど、自分はまだ伸びる」と考えられることは、高い自己肯定感にもつながっていきます。

人を差別したり、いじめたりしない大人になっていくうえでも、親が能力は生まれつきのものではないと考え、それを子どもに教えていくことは四歳からの子育てにおいてとても重要です。

CASE⑦ 友だちと同じモノがほしい、同じ習い事をやりたい

五歳を過ぎるあたりから、友だちの持っているモノをほしがったり、同じ習い事をやりたがったりするようになるかもしれません。

とくにモノに関しては、子どもから「みんな持っているのに」「自分だけ持ってないと仲間外れになる」と言われると、親としても気持ちがグラッと揺れることもあるのではないでしょうか。

頭ごなしに「うちはダメ！」「何言っているの！　そんなの買わないわよ」とシャットアウトするのもよくありませんので、それなりの理由があって、どうしても必要なものであれば買ってあげてもよいと思います。ただしその場合、ある程度がまんする時間を設けましょう。そのときはほしいと言っていたモノも、買うまでに時間を空けると「ほしい熱」が冷めて興味を失っていることも結構あります。

また、ほしいと言われてすぐに買ってあげることが多いと、自制心が育たなくなる可能性が高くなります。

本当にほしいモノであれば、この年齢の子であっても買ってもらうまで楽しみに待つことができます。「次の誕生日に買ってあげる」「クリスマスに買ってあげる」など条件をつけて、買ってもらえるまで待つ経験を積むことは自制心を養うことにつながります。そうやってがまんして手に入れたモノは、手にしたときの幸福度も上がります。これはモノを大事にする心を育てていくうえでも大切です。

習い事に関しては、「友だちがやっているから」という理由で興味が広がるのは悪いことではありません。何に向いているのかまだわからない時期でもあるため、興味をもったことは体験コースに申し込んでみるなどして、一度経験させてあげるのもよいでしょう。いろいろやってみる中で、思わぬ才能が見つかったり、本当に好きなものが絞られていったりすることがあります。

とはいえ、習い事はお金もかかりますし、送り迎えなどで親の負担も増えます。それに、やりたいと言われるまま受け入れてやらせても、少しやっただけで「やめる」「つまらない」と言い出して続かない可能性があります。

親が要望をすぐに聞いてくれて、やりたい習い事はすぐできる環境を繰り返してしまうと責任感が育たず、人に迷惑をかけても自分の要望だけは通すといった人になっていく可能性もあります。

年齢が上がるにつれ、友だちからの影響が増えて「あれもやりたい」「これもやりたい」と言い出すかもしれませんが、習い事に関してもやらせる前に条件を決めておきましょう。

「本気でやりたい？」と確認し、「どうしても嫌だったらやめてもいいけれど、すぐにやめたいって言うのはなしだよ？」と条件をつけて、「どうする？」と子どもに決めさせることが大切です。

もし始めてすぐに「やりたくない」と言ってきたときも、「そう、やりたくないんだ。どうしてやりたくないの？」と理由を聞いて、「たとえばあと1カ月やってみて、それからどうするか決めようね？」と聞いてから決めましょう。このように条件をつけると、最終的にはやめるにしても自制心が育ちやすくなります。

習い事にしても、やらせるまで少し待ったほうがやれたときのうれしさが大きいものです。

知り合いの女性は、六歳ぐらいのとき、お友だちがやっているのを見て自分もピアノをやりたいと思ったそうです。そこで親にお願いをしてみたのですが、両親がお店をやっていたこともあって最初は却下されてしまいました。それでもあきらめられず、紙の鍵盤を毎日弾いていたそうです。それが半年にわたって続き、さすがに親も折れて「そんなにやりたいなら」とピアノを習わせてくれました。

晴れてピアノのレッスンを受けられるようになったときは、ものすごくうれしくてピアノ教室に行くたびに幸せを感じていたそうです。その後、受験期になってもピアノだけはやめずに続けたといいます。このように少し待ったほうが、気持ちが本物になることもあります。

本当にやりたいことをやっている喜びを体験させてあげることも、子どもの大きな成長につながります。そのためにも「少し待つ」「時間をおいてみる」を意識してみてはいかがでしょうか。

CASE⑧ 保育園・幼稚園に行きたがらない

保育園や幼稚園に行きたがらないときは、子どもなりの理由が必ずあります。行っても楽しくない、お絵描きが嫌い、友だちとケンカしちゃったなど、園のイメージが悪くなり「行きたくない」になっている可能性があります。

ですから、まずは気持ちを丁寧に聞いてあげましょう。その際は「そうなんだ、お絵描きがおもしろくないんだね」「そうか、お友だちとケンカしちゃったの。それは嫌だったね」など、子どもの言葉をそのままオウム返しに復唱してあげてください。

この「子どもが言ったことを、そのままオウム返しで復唱する」方法は、子どもの中に「親は自分のことを理解してくれている」という安心感を生みます。さらには理解してくれる親に対して大きな信頼感をもちます。そのため聞いてもらうだけで気持ちが満足して、元気に園に行くようになってくれることがあります。

オウム返しで復唱する方法は、専門用語で「リフレクティブ・リスニング」といいますが、子どもがいくつになっても、場合によっては成人してからであっても効果があります。指示や命令が減って親子の信頼関係を深められる〝とっておきの方法〟ともいえるものですので、ぜひ覚えて活用してみてください。

年長クラスから通い始めた子では、園にまだ慣れなくて不安を感じていることもあります。そうした場合は、行くとどれだけ楽しいかを伝えるのも方法です。「おうちにはないおもちゃがいっぱいあるよ」「たくさんのお友だちと楽しく鬼ごっこができるよ」「おいしいおやつが出るよ」など、プラスのイメージがもてるような話をしてあげるとよいでしょう。

さらに保育園・幼稚園から家に戻るとき、その日の楽しかった体験を振り返らせることもプラスイメージを強化してくれます。

園の先生からその日やったことを聞いたり、連絡ノートに報告が書いてあったりすると思いますので、それをもとに「粘土遊びはおもしろかった？」「お散歩は楽しかった？」「おやつはおいしかった？」と尋ねて、楽しかったことだけを振り返らせ、園へのイメージをよいものにしてあげましょう。

CASE⑨ 初めての場所に行きたがらない

行ったことのない場所は、大人でも不安を感じるときがあります。子どもも同じです。初めての場所は不安ですし、経験したことがないため恐怖を感じていることもあります。

小学校に上がるとき、新しい習い事やスクールに通うときは、親から離れてひとりでやらなければならなかったり、「できるかな」と自信がもてなかったりすることも、行くことにしり込みをしてしまう理由になります。

ですから感じている恐怖や不安、心細さを取り除いてあげましょう。

前項で触れたように、そこに行くとどんな楽しいことが待っているかを教えるのもひとつの方法ですし、全体像を把握させると不安が消えることもわかっています。習い事などであれば、どんなスケジュールになっていて、親が○時に必ず迎えに行ってあげることを伝えて安心させるのもよいでしょう。

また、それまでに「新しいことに挑戦してできた」といった成功体験が少ない子は、自信が小さくて、初めてのことにチャレンジしたがらない傾向があります。

そのような自信のなさが原因になっていることも考えられるので、「自分は大丈夫」「何でもできる」といった自信がもてるように、日常生活で小さなチャレンジ体験を意識して増やしていくとよいと思います。

体験させてあげることは何でもいいのです。それまでちょっと怖くて顔を水につけられなかったとしたら、お風呂の中で潜ることに挑戦してみる、自転車や一輪車に乗ったことがない子だったら乗れるように練習をするなど、「挑戦」を意識して、それが体験できる場を用意してあげましょう。

挑戦して最終的にできるようになったら大きな自信になります。なかなかできるようにならないときも、チャレンジしたそのことを大いにほめてあげてください。「自分にはその勇気がある」と思えるだけで、初めての場所、初めての経験への恐怖や不安が薄らいでいきます。

CASE⑩ 公共の場所でのぐずり対応

子どもが公共の場でぐずり出したとき、親がよくやりがちな対応に「おもちゃなどのモノを買ってやり過ごす」があります。でもこれは賢明とはいえません。駄々をこねたらおもちゃがもらえると学習してしまう可能性があるからです。

こうしたことを続けると、自制心がなく、自分のワガママな要求を通すために人を使うような大人になっていく可能性があります。

以前、楽しいはずのテーマパークが大嫌いという五歳の子の話を聞いて驚いたことがあります。その子が嫌いな理由は「並んで待つのが嫌だから」でした。そのご家庭ではお父さんが子どもに大変甘くて、駄々をこねるとすぐに何でも言うことを聞いてあげてきたそうです。そのため五歳になった今でも、気に入らないことや要求があると道路に寝転んで駄々をこねるといいます。

お母さんは駄々をこねても聞いてくれないことがわかっているので、お父さんが一緒のときにしかやりません。そうした〝賢さ〟を身につけてしまい、テーマパークで待つことすら嫌という、がまんのできない子になってしまったようです。

公共の場でぐずられると人の目が気になって、その場を収めるために子どもの要求を飲んでしまいたくなりますが、それを避けるには、ぐずりが起こることを想定して事前に対策を講じておくことも大切でしょう。

四歳になれば親の言葉がちゃんと理解できるようになります。時間がかかるかもしれないと思ったら、「駄々をこねると周りの人が迷惑するから、嫌になっちゃったら言ってね」と伝えておき、子どもが飽きたときはジュースを飲みに行くなどと計画しておくのもひとつです。全体が見えていると子どもも行動しやすくなります。


また長時間の電車での移動や子どもを連れての講演会の参加など、長丁場になることがわかっているときは、前頭前野の働きが落ちてきたときのエネルギー補充になる甘いお菓子を〝レスキューフード〟として用意しておくとよいと思います。そのほか、お絵描き道具や知育パズルといった遊び道具を、〝レスキューグッズ〟として用意しておくとよいでしょう。それまで遊んだことのない新しい遊び道具だと、子どもも夢中になるので静かにしていてくれます。

好ましくないのはスマホや携帯ゲーム機などです。スマホで動画を見せたり、ゲームをさせたりするのは手軽ですが、長時間になると子どもの発達にデメリットとなることがわかっています。出かけるたびにスマホやゲームができるとなると条件づけができてしまい、日常生活でもやりたがるなどの影響が出てきます。

万一グズグズが始まったら、「あと二駅で降りるからね」と見通しを伝えたり、「本を読んだりしている人がいるからうるさくしてはいけないよ」とやってはいけない理由を説明したりすることも大事です。

子どもには大きくなったことを認めてもらいたいという気持ちもありますから、お兄ちゃんやお姉ちゃんとして扱ってあげるのも有効でしょう。「もう五歳のお兄ちゃんでしょ？　お兄ちゃんだったらこういうときどうするかな？」「お姉ちゃんになったから、あともう少しがまんできるよね？」と言ってあげるといいですね。

さらに最も効果的なぐずり対策があります。静かにしていられたら、そのことを目いっぱいほめてあげることです。「今日はずっと静かにしていられたね！　さすが、お兄ちゃんになったね！」「ちゃんと静かにしていられて偉かったね。ママもうれしかったわ」と、ぐずらずにいられたことをたくさんほめてみてください。

CASE⑪ お手伝いをしたがる

お手伝いが子どもを成長させることは広く知られています。ミネソタ大学の追跡調査では、三〜四歳の時期にお手伝いを始めていた子は、そうでない子に比べて成績がよく、仕事で成功しやすく、家族や友人との関係が良好で、自分のことは自分でできる人になっていることが明らかにされています。

はやい子は一歳半ぐらいから小さいゴミを捨てようとしてくれたり、買い物袋を持とうとしてくれたり、お手伝いをしたいという気持ちが出てきます。子どものお手伝いをしたい」気持ちは、大人のまねをしたいというところから出てくるものなのですが、そこで「お手伝いしてくれるの? ありがとう!」「これをやってくれて助かっちゃったわ」と感謝の気持ちを伝えていくことで、他者への思いやりの気持ちがだんだんと育っていきます。これがとても大切なのです。

思いやりをもったとき、脳ではセルフコントロールを司る部位が活性化します。セルフコントロールとは自制心がもてることです。思いやりは、自分の欲求を抑えて他者のことを考えるということですから、自制心をもったときに活性化する場所と同じところが働くようになるのです。思いやりを育てることは自制心を育てることにもつながるのですね。

小さいときからお手伝いをしっかりやってきた子は、責任感がもてるようになり、学習能力も高くなります。大人になってからの精神状態も安定するので、幸せな人になっていける可能性が高くなるのです。

ですからお手伝いはどんどんさせてほしいと思います。

子どもの手伝いは時間がかかりますし、失敗もあって余計な手間が増えてしまうかもしれません。忙しいときは自分でやったほうがはやいと思ってしまうでしょう。けれども最初は失敗が多くても、お手伝いを続けていくと上手にできるようになっていきます。

多少の失敗には目をつむり、子どもの将来が素晴らしいものになると発想を変えていきましょう。子どもがお手伝いを申し出てきたら小さなことでよいのでやってもらい、感謝を忘れずに伝えてみてください。

児童期（八〜一〇歳）

好きなことを見つけて、目標を見いだす時期

目標や目的ができると自己肯定感が高まる

児童期は、好きなことを見つけ目標をもたせてあげると、さらに自尊心をはじめとした自己肯定感が高まります。そのためにも幅広い体験ができるようにしてあげることが大事です。

学校と塾と家を行き来するだけでは体験の場もなかなか広がっていきません。勉強と直結しないものであっても、課外活動を増やしていくことで子どもには大きな力がついていきます。課外活動が多い子ほど大人になってからも学ぶことへの好奇心や意欲が高いというデータもあります。

米国のイエール大学が六九五人の男女を対象に行なった小学生から二〇歳までの追跡調査では、小学生時代に課外活動が多かった子どもほど、成長してからも学習

意欲が旺盛で大学や高等研究所などに進んでいる人が多いとの結果が出ています。

いろいろな体験をしていくと、新しい発見も増えていきます。その中から自分の好きなことや得意なことが見つかっていく可能性があります。それができるように子どもの世界を広げてあげてください。

すぐには見つからなくても、体験したことは種として子どもの中に残ります。それが成長して大人になったとき、思わぬ芽を出してくれることがあるのです。

私自身も、脳科学と心理学に基づいて能力をどう伸ばし、多くの人をどう幸せにしていくかといった仕事をするなど夢にも思っていませんでした。中学・高校時代に化学や物理が得意だったため、当時は科学者になろうと考えていたのです。

大学も理系に進み、就職先も科学の素養が生かせるところを選びました。自分に向いているのはそういう仕事と思っていたからです。しかし今は現在の仕事こそ、じつは自分がやりたかったことなのだとわかります。思い返すと、私は科学も好きでしたが、小さい頃から誰も知らないことを探って人に教えたり、マジックで人を驚かせたり、人の笑顔を見ることが大好きだったのです。

どこで何が花開くかわかりません。すぐに目標が見つからなくても大丈夫です。

脳が大人の脳へと急速に発達していくこの年代にたくさんのことを経験させ、多くの種をまいておいてあげることを優先させてください。

必ずしも得意なことでなくてよいのです。むしろ一〇歳までは好きなことを見つけて伸ばしていくことを大切にしてあげるほうがよいかもしれません。好きなことをしていると、脳内にはドーパミンやベータエンドルフィン、アドレナリン、セロトニンといった脳内物質が豊富になり、脳の発達が促進されます。

好きなことは才能にもつながっていきやすくなります。「好きこそ物の上手なれ」ということわざは脳科学的にも的を射ているのです。下手でもいいから好きなことを続けていくと、将来の幸せにつながっていく可能性がうんと高くなります。好きなことがある子ほど自己肯定感も高いことがわかっています。

スポーツや勉強に限らず、絵でも音楽でも、キャラクターやマンガ、ゲームでもいいのです。子どもが好きで夢中になっていることの中に、その子の才能が眠っている可能性があります。七五ページで紹介しているように、子どもの才能には一〇種類あります。それを参考に、好きでやっていることから伸ばしてあげたい才能を見つけ、将来の目標・目的につながるよう方向づけをしてあげましょう。

社会や人に貢献することの喜びを知る

この年代だからこそ大切にしていきたいもうひとつのテーマが、人に貢献したときの喜びを体験させてあげることです。将来につながる目標や目的を見つけていく際に、「社会や人に貢献するため」が根底にあると目標を達成しやすく、人生もまたより幸せになっていきます。

自分が周りに求められている感覚は自己肯定感にも直結します。誰かの役に立っている、自分の力は全体を高めることに貢献している、そのような喜びが味わえる活動の場があることは大切です。その意味でもお手伝いはやらせてほしいですし、他者への貢献ということでは集団で行なうスポーツや競技も有効です。

テニスやゴルフといった自力で勝ち上がっていく個人スポーツは、自己を管理する力やストレスに負けない力、困難を乗り越える力といった能力を鍛えてくれます。いっぽうのチームスポーツは個人スポーツとは異なる力をつけてくれます。

仲間と協力し、ひとつの成果を出していくことで、自分の存在がチームの役に立っている、貢献しているといった喜びを味わうことができるでしょう。ラグビーは「One for All, All for One（ひとりはみんなのために、みんなはひとりのために）」という貢献の精神を大切にしています。これはどのチーム競技にも通じます。

野球、サッカー、ソフトボール、バレーボールといった定番のスポーツでもいいですし、チアリーディングなどもあります。子どもたちに人気のダンスにも、グループで踊るスタイルがあります。親がいろいろと選択肢を提示してあげて、子どもが関心をもったスポーツ・競技をやらせてあげるとよいでしょう。

ひとつの事柄を多方面から見る力をつける

前頭前野が急速に成長・発達し、理性や判断力がついてくる年代だからこそ、物事を多方向から見ていける力をつけてあげましょう。第1章の三八ページで紹介した「箱の法則」を参考に、物事のマイナス面はプラスに変えていくことができるということを教えてあげてほしいと思います。

またプラスで見ていく習慣をつけてあげられるように「成功日記」も始めてみましょう。これを続けると心の力がついてきます。成功日記については第4章で触れていますので参考にしてください。

CASE⑫ 勉強についていけない

児童期は勉強が自己肯定感に直結してきます。ただ勉強に向いていないという子もなかにはいますので、勉強ができないことをことさらダメなことのように言わないことも大切です。勉強以外に運動が得意、絵を描くのが得意といったよいところがあるなら、まずはそのよいところを伸ばしてあげるようにしましょう。得意なことを伸ばしてあげているうちに、勉強ができるようになっていくことがあります。

勉強ができない子の特徴を見てみると、共通しているのが「勉強は楽しくない」と思っていることです。子どもは楽しい、おもしろいと思ったことは何も言わなくても覚えます。『ポケモン』のことなら全種類の名前と特徴が言えたり、恐竜のことは長くて複雑な名前であってもスラスラ言えたりしますよね。興味があれば、このように進んで覚えようとするものなのです。

勉強が苦手になっているのは、おもしろさを実感できていないからかもしれません。ということは楽しさを教えてあげることが勉強好きにする方法です。

そのためにはまず語彙力を増やしてあげましょう。勉強がおもしろいと思えず、本来の力を発揮できていないのには語彙力が足りていないことも考えられます。親がたくさん話しかけたり、本の読み聞かせをしてあげたりして語彙を増やし、言葉の力を高めていくようにすると学習力が上がっていきます。

ドイツの文豪ゲーテの誕生も、じつは毎晩の母親の読み聞かせにあったといいます。その読み聞かせの方法が少しユニークで、さあ、これからおもしろくなるぞ！と話が盛り上がったところで毎回「続きはまた明日ね」とやめられてしまうので、その続きが気になって眠れず、寝床の中であれこれと空想を膨らませていたそうです。それが歴史に残る世界的文豪をつくり出したのです。

「勉強しなさい」と言われるだけでは、子どもは勉強しようという気持ちになれません。ゲーテの母親のように、子どもの興味が湧き上がるようなちょっとした工夫をすると、勉強であることを意識せずに学力がついていく可能性があります。

また子どもに教える際は笑顔を大切にしてください。米国マサチューセッツ工科大学の研究で、笑顔で愉快に教えるとクラス全体の学習度が一〇％以上高まったという報告もあります。子どもの勉強を見ていると、ついつい「どうしてこんなこともわからないの？」と渋い表情になりがちですが、笑顔で見守り、笑顔でわからないところを教えるほうが勉強ができる子になります。男の子にはとくに効果があります。

もうひとつ、何のために勉強するのかを見えるようにしてあげることも大事です。勉強したらどんなことが将来可能になるのかといった、勉強する目的が全体像として見えないとやる気もなかなか生まれません。

小学生になると将来なりたいものや、やりたいことなども出てきます。私の甥は四歳ぐらいのときからパイロットになるのが夢でしたので、「パイロットになるなら、いろいろな知識が必要だから勉強しないとなれないよ」と言い続けてきました。それが効いたのかはわかりませんが、小学生になってからもずっと勉強好きです。

男の子の場合はとくに目標達成型が多く、目標があったほうが気持ちは燃えやすい傾向にあります。将来就きたい職業、叶えたい目標などを聞き、「そのためにはこの勉強が大事だよ」と伝えていくことでがんばれるようになります。

いっぽう女の子は目的型で、「算数の勉強をがんばるとデザイナーになれるよ」

「国語と英語をがんばると海外で仕事ができたり、外国の人に日本語を教えたりできるよ」と、勉強でどんなことが可能になるかを伝えてあげるといいでしょう。

将来まで含めた全体像がわかると学習意欲が高まり、記憶力も上がります。米国テキサス工科大学のオーウェン・カスキー博士の研究では、全体を把握すると長期記憶が二六％アップすることがわかっています。

また友だちに教えている子ほど勉強ができるという傾向があります。心理学の実験でも、ある話を聞かせる際に「後で要約してもらいます」と言うより、「後でほかの人にも教えてもらいます」と言ったときのほうが内容の理解と記憶力が高まることがわかっています。

誰かに教えるには、そのことをしっかり理解していなければならないので、勉強への身の入れ方が変わります。「お母さんも知りたいから勉強したことを後で教えてね」と勉強前に声をかけて後で子どもに勉強を教えてもらったり、下にきょうだいがいるなら、きょうだいの勉強を上の子に見てもらったりするのもよいでしょう。教えることは自然と勉強内容の復習にもなります。理解が進み、復習にもなるので学力が自然とついていきます。

CASE⑬ 運動が苦手

運動も、もともとの得手・不得手があります。運動がどうしても苦手という子は、基本的に無理をしてまで運動できる子にしていくことはありません。とはいえ子ども時代は、運動できることが自己肯定感につながりやすいこともたしかですので、ある程度はできるようにしてあげたいものですね。

運動が苦手な場合は「擬音のパワーを使う」ようにしてみましょう。擬音とは「パッ」「トン」などの音を表す言葉です。擬音を使いながら動作すると、パフォーマンスが劇的に変わります。心の中で言っても、実際に口に出しても構いません。

たとえば跳び箱が得意な子は、「タッタッタッタッタッ、トッ、トン、パッ、ダッ」と助走の段階から心の中でリズムをつけています。運動ができない子の多くは、この音の力が使えていないのです。

擬音を使うだけで変わると言われてもおそらく半信半疑でしょう。そこで、ぜひ次のような実験をしてみてください。

軽く足を開いて立ち、両手を肩の高さで水平に広げたら、そのまま上半身を限界まで後ろ方向に捻《ひね》ります。回す方向は左右どちらでも構いません。「ここで目いっぱい」というところまで捻ったら、その位置を記憶しておいて姿勢を戻し、今度は「スー」と言いながら同じ動作を行ないます。

やっていただくと、一回目よりもさらに先まで捻ることができて、違いが歴然と体感できるはずです。

音だけでパフォーマンスが変わるのもミラーニューロンの働きです。聴覚でキャッチした音はミラーニューロンを介して体感覚野に伝わるため、「スー」という音が聞こえた瞬間、滑らかに進む体感覚が再現されて身体がそのように動くのです。

音は最も脳を活性化させます。ですからボールを投げるときに「ビューン」、走るときに「タッタタッタッ」、ジャンプするときに「グーン」など動作やリズムに音をつけると、それだけで脳が刺激され結果が変わります。ぜひ擬音のパワーを子どもにも実感させてあげてください。少しでも運動能力が上がれば苦手意識は消えていきます。苦手意識が消えることで運動が得意になっていくこともあります。

CASE⑭ 学校の話をしたがらない

子どもが学校の話をしたがらないのは、多くの場合、親に原因があるかもしれません。

子どもの話をちゃんと聞いていなかったり、リアクションをしてあげていなかったり、最後まで聞かないうちに親が意見やアドバイスをしていたり、あったことを根掘り葉掘り聞き出そうとしていたりすることが続いて、子どもが話していて楽しいと思えなくなっていることが理由として考えられます。

「今日学校どうだった?」と尋ねても「別に」「フツー」としか答えが返ってこないときは、少し聞き方を変えてみてください。「今日はどんないいことがあった?」と尋ねてあげるのです。

「何があった?」「何をしたの?」といった漠然とした問いかけではなく、「どんないいことがあったか」にフォーカスをして聞いてあげる方法です。

この聞き方は、私の知り合いの元NHK記者で現在はフリーアナウンサーとして活躍している山本ミッシェールさんのお母様が毎日の習慣にされていたことです。

山本さんが家に帰ってくると、必ずお母様は「今日はどんないいことがあった？」と聞いてきたそうです。たまに失敗やよくなかったことを話すと「ふーん、そうなんだ。それは大変だったね。でもいいことも必ずあったと思うけど、どんないいことがあった？」と言われたそうです。

楽しいことだけを思い出して話すことを続けているうちに、自分でも話すことが楽しくなって、毎日の親子の会話も楽しみだったといいます。その結果、自己肯定感もさらに高くなっていったとのことでした。友だちに指摘されるまで自分がいじめられていることにも気づかなかったといいますから、かなりしっかりとした自己肯定感が育っていたのだと思います。

その日どんないいことがあったかを聞いてあげると、子どもなりに懸命に考えて答えてくれると思います。それに対して意見やアドバイスはあまりいりません。「そうなんだ〜。図工の時間に絵をほめられたんだ」「やりたかったウサギ当番になれたんだ。よかったねー」と子どもの言葉を復唱したり、「それはうれしかったね」「へえ、そんなことがあったのね。すごいね！」とリアクションを返したりしていくだけで、子どもはもっと話したいと思うようになっていきます。

また、たまには親も自分自身のことを話してあげましょう。今ちょっと夢中になっていることでもいいですし、小さい頃の話でもよいと思います。

大人同士でも、初めて会った人が自分の個人的な話を一切してくれないと、何となく心が開きにくくて話しづらいということがあります。子どもも同じで、親が個人的な話をしてくれると、ミラーニューロンの作用で子どもも自分のことを話したくなります。

「今日、スーパーで買い物をしていたらこんなことがあったのよ」と印象に残ったことを話してあげたり、「小さい頃はこういうことが好きでね」と子どもの頃に好きだったことを話してあげたりすれば、子どもも「学校で今これが流行っていて楽しいんだ」など、いろいろ話してくれるようになります。

ときには親の失敗談も話してあげるとよいと思います。親が失敗を通してどのように成長できたかを話してあげると、子どもも安心することがあります。親も失敗するんだとわかって安心感がもてると、学校で何かあったときも、親に話しやすくなることがあるのです。

CASE⑮ いじめられているかも？

「○○に叩《たた》かれちゃった」「仲間に入れてもらえなかった」などと聞くと、親は「いじめられているのかしら」と不安になります。気が気でなくなると思いますが、いきなり「なんでそんなことされたの⁉」「どういうことか先生に確認するわ！」となる前に、まずは落ち着いて子どもに話を聞いてみましょう。

男の子の場合はとくにそうですが、悪ふざけの延長でそうなったということがあります。相手も悪気がなく、子どももそれほど気にしていないことがあるので、子どもの言葉を鵜呑《うの》みにしないで中立の立場で冷静に聞いてみることが大事です。

なかには叩かれたほうに原因があったという場合もあります。

あるお母さんのケースで、三年生になる息子がスクールバスの中で五年生の子に叩かれてしまったことがありました。「やめて」と何回言ってもやめてくれなかったという話を聞き、「どうして年下の子にそんなことをするんだろう。今度そういうことがあったら困るから運転手さんにお願いしておこう」とバスの運転手に話をしたところ、じつは息子のほうに原因があったことがわかったそうです。バス内で大騒ぎをして周りに迷惑をかけ、五年生の子が「うるさいから静かにして」と何回注意をしても静かにしなかったことで、とうとうポカリとやられたのが真相だったのです。

そうしたこともあるため、子どもの話だけで「それは大変！」と大騒ぎしないで、いろいろと情報収集して状況を確認することも大切です。

もし友だちから何かをされて嫌な思いをしているなら、そのことを相手に伝えられるようになることも大事です。嫌なことをされても黙ってがまんしてしまうことで、相手の行動や行為がエスカレートしていくことがあるからです。反抗しない子は相手もおもしろがってちょっかいを出してきます。

そこで「自分はそれをされるとすごく悲しい」「それをされるとすごく嫌なんだ」と、「自分メッセージ」で気持ちを伝えられるようになると状況が変わることがあります。「なんでそんなことをするの、やめて！」では、余計におもしろがってやってくる可能性があるので、「自分は悲しい」「自分は嫌だ」と笑顔で、なおかつ毅然《きぜん》と言うことが大事だよと子どもに教えてあげてください。

女の子同士では暴力こそあまりありませんが、仲間外れにする、無視するなど心理的にいじめることが多くあります。いじめのターゲットが持ち回りで変わることもあります。はやければ高学年ぐらいからそうした陰湿ないじめが始まることもあります。男の子も同じですが、様子が心配だと思ったら、しっかり話を聞く準備をして、「何かあった？」「最近ちょっと元気がないね」「いつでも何でも聞くからね」と声をかけてあげましょう。

自分の感情を抑え続けることは子どもの心によくありません。自己肯定感も下がってしまうため、不安や嫌な思いを親に打ち明けられる状況をつくることが大切です。そのためにも日頃から親子の信頼関係を育むことを心がけておきましょう。親に話していい、親に話しても大丈夫と思えるような関係にしておくことで深刻な状態になる前に防げる可能性があります。

また空気が読めない子は、それだけでいじめの対象になってしまうことがあります。けれども空気が読めないことは、見方を変えれば周りに迎合せず、我が道を行くタイプということです。マイペースであることは強みでもあるのです。

大人になってから成功している方たちの話を聞くと、周りの空気を読めないマイペース型で子ども時代にいじめられていたという方が結構います。そうした人たちはファッション関係やアート系をはじめ、独創性を必要とする仕事に就いていることも多いです。空気の読めない我が道を行くタイプであることが、反対に成功につながっていくことがあるのです。

空気を読めないことで子どもが悲しい思いをしているようなら、「それだけ君は個性的なんだよ」「将来クリエイティブな仕事で誰かを幸せにする人になるかもしれないよ」とプラス面を伝え、自己肯定感につながるような話をしてあげることで自信をもたせられるとよいですね。

ただしいじめに関しては、「いじめる側が一〇〇%悪い」が大原則です。「いじめられるのは、うちの子にも原因があったんじゃないか」「やられたのにやり返さないのはダメだ」と親が思ってしまうと、子どもは心の行き場を失ってしまいます。

状況にもよりますが、無理に学校に行かせなくてもよい場合もあります。もし深刻ないじめに遭っているときは、何があっても親は味方であることをしっかり伝えてあげてください。

CASE⑯ 子どもが落ち込んでいる

八～一〇歳は、子どもの世界において友だちとの関係がウエートを占めてくるようになります。そのため、友だちとのトラブルやクラスの中で浮いていることは、自分を認めてもらえない思いにつながり、自信をなくして自己肯定感にも影響してくることがあります。

友だち関係がうまくいかなくて落ち込んでいるとき、その状況を変えていくには親の技術が大事になってきます。物事には必ずプラスとマイナスの面があります。プラスの出来事しか起こらない人はこの世にはいませんし、マイナスと感じることはいくつになっても出てきます。そのときにマイナスをマイナスのままにしておかないことが、人生をよいものにしていくうえで大切です。

そうした見方や考え方を子どもの中に育てていくには、枠組みを親が変えてあげることが大事になってくるのです。

落ち込むような悲しい出来事も枠組みを変えることで成長につなげていくことが

できます。起こった事実は同じでも、その出来事から学べるものは何かを探していくことでプラスに変えていけるからです。子どもが落ち込んでいるのは親にもつらいことですが、そうした考え方ができると親自身ラクになれると思います。

前項のスクールバスの中で年上の子に叩かれた話は、公共の場でうるさくしてはいけないよというメッセージにもなっています。落ち込むような出来事についても、親がそのような見方をもって、「こういう考え方もあるね」と子どもと一緒に考え、話し合うきっかけにできるのではないでしょうか。

困難を親子で一緒に乗り越えていく経験も子どもにとって大きな学びの場になります。揺れる吊《つ》り橋を一緒に渡ることで関係性が深まることを「吊り橋効果」といいます。自力で困難を乗り越えていくことも体験として必要ですが、ときには親の手助けが重要になる場面もあります。

親の技術で違う見方を示してあげ、「この先、そういうことが起こらないようにするにはどうしたらいいか」まで考えるきっかけにしていけると、そこからも困難を乗り越える力をつけていくことができます。

CASE⑰ ゲームばかりやっている

子どもにゲームをやらせることには賛否両論があります。脳科学の研究を見ても、ゲームにはメリットとデメリットの両方があり、子どもにゲームをやらせることは絶対によくないと言いきれないのが実状です。

私もゲームをやること自体は構わないと思っています。ただし子どもだからこそ親が気をつけてほしい点があります。

まず外の世界を知らないうちにゲームをやらせないでほしいということです。外で遊ぶこと、あるいは旅行でいろいろな場所に行ってみること、こうした子どもの成長につながる体験をさせないうちに、「大人しくしていてくれるから」「親がラクだから」などの理由でゲームを与えるのは賛成できません。最初にゲームを与えてしまうと、いろいろな風景を見たり、体験したりするよりもゲームのほうがいいとなってしまいます。

二つめは、やるのであれば時間を決めるということです。

英国オックスフォード大学が行なった大規模リサーチの結果をご紹介しましょう。イギリス全土の一〇～一五歳の子ども五〇〇〇人を対象に、ゲーム時間と心理的影響を調べたものです。

調査からは、ゲーム時間が三時間以上になると落ち着きがなくなり、注意力も散漫になることがわかりました。いっぽう一時間以内だとそうした傾向はほとんど見られず、生活の満足度が高い、社交的になる、ゲームをしない子と比べて幸福度が高くなるなどのプラス効果があったのです。

この結果から明らかなように、携帯型ゲームにしてもスマホのゲームにしても、やるなら一時間までと決めてやらせることが大事です。

長時間のゲームはコミュニケーション能力が落ちるというデータも数多くあります。落ちてしまっても、四～五日ほどゲームを禁止にして自然の中で暮らす体験をするとコミュニケーション能力が回復することもわかっています。

子どもは環境で変化しやすいため、ゲームばかりしているような状態は能力の成長を阻害してしまいます。前頭前野の力も伸びないので、ゲーム漬けにならないよう一時間ルールを守らせましょう。時間を決めることでセルフコントロール力を身につけるトレーニングにもなります。

三つめが、オンラインでやるネットゲームは子どものうちは絶対にやらせないでほしいということです。

パターンを覚えれば攻略できるコンピュータ相手のゲームと違い、オンラインでつながった相手と行なうネットゲームは、毎回対戦相手が変わることもあって展開の予測がつきません。実験のために私も実際に試してみたのですが、予測のつかない点がギャンブルと似ていて非常に中毒性があります。

人間の成長欲求を満たしたり、脳や心の仕組みを巧みに利用していたりするので、やっているときの快感が大きく、ほかのことでは快感が得られないようになっていきます。成人してからなら構わないと思いますが、脳の成長期にある子どもにネットゲームは大変に危険です。中学生、高校生になってからもネットゲームだけはやらせないほうが安心でしょう。

脳育てに「手遅れ」はありません

脳には何歳からでも変化できる力がある！

脳が急成長していく時期は一〇歳ぐらいまでと言われると、「それを過ぎたら手遅れなの？」と心配になる方もいるかもしれません。たしかにこの時期までに、脳はさまざまなことを吸収し、学習し、発達していきます。子どもの成長とも深く結びついていますので、大事にしてあげたいこともたくさんあります。

たとえば皆さんがよく耳にする「臨界期（感受性期）」と呼ばれる時期は、一〇歳ぐらいまでの間に訪れるとされています。絶対音感のようなものは聴覚に関する部位が集中的に発達していく時期ほど獲得しやすいといわれていますが、その時期を逃したら絶対音感が身につかないわけではないのです。身にはつけられるけれども、ものすごく時間がかかるというだけのことなのです。

臨界期とは、その能力・機能を最も効率的に獲得しやすい時期というだけのことで、脳のもつ力の大半は、いくつになってからでも育てていけます。脳にはいくつになっても変化していける力があるからです。これを脳の「可塑性《かそ》」といいます。脳は変化し続ける力をもっているので、大人になってからでも脳の力を高めていくことは可能です。前頭前野は二〇代後半まで成長し続けますし、記憶のほか空間認知力とも関係している海馬は、生涯を通じて変化し続けることが最新の脳研究で明らかになっています。

ですから脳の力を育てるのに手遅れはありません。ここでは〇～三歳、四～七歳、八～一〇歳と三つの年代に区切って育てていきたい力をお伝えしましたが、紹介したことは一〇歳を超えていようと有効です。言い換えれば何歳であろうとやり直しはできるということなのです。

自己肯定感も同様です。上手に自己肯定感を育ててあげられなかったかもしれないと思ったら、いつからでも自己肯定感の五つの要素を子育ての中で大切にしてみてください。子どもの伸びる力は大人が考える以上に大きいものです。その柔軟な力を信じてあげることが何よりも大切なのです。

第4章

お母さんの自己肯定感を高める方法

自分を知れば子どもが変わる

親の自己肯定感も子育てには大事

子どもの自己肯定感を育てていくには、親自身も自分を好きであり、自分という存在を肯定していることがとても大事な要素になります。

親が自分のことを好きでなければ、子どもの自己肯定感も育ちにくくなってしまいます。子育てに自信がもてず、「あの親は……」と周りから思われるのではないかと気にして、子どもとの接し方に影響してしまうからです。

子育てに悩む親御さんの中には、自分自身も親から自己肯定感を育ててもらうことができず、自信をもてないでいる方もいらっしゃいます。

まずは自分を知るという意味で、自分の自己肯定感がどのくらいかを次の「自己肯定感チェックシート」で確認してみましょう。

自己肯定感チェックシート

下記の項目に当てはまる度合いの点数をつけてみてください。
（当てはまらない➔0点、たまにある➔1点、当てはまる➔2点）

1. ありのままの自分が好きである
2. 自分はたいていのことは、うまくやれると思う
3. マイナスのことが起きても、プラスの側面を見ることができる
4. 指示や命令が多い環境にいることが多かった
5. 親は常に選択肢を与えてくれる理解者だった
6. 人の評価は今の能力を指摘したもので、自分の存在そのものを評価するものではない
7. 親から努力や行動をほめられた経験が多い
8. 自分の親から愛されていると思う（両親に感謝している）
9. 小さい頃、両親から抱きしめられた経験が少ない
10. わからないことはすぐに親が手取り足取り教えてくれた
11. 成果を得るよりもプロセスを大切にする
12. 他人と比べるのではなく、過去の自分と比較して成長できたことを喜ぶ
13. 小さい頃、おもちゃが豊富にある環境で育った
14. がまんすることの大切さを身をもって教えてもらった
15. 欠点は捉え方次第で長所にもなる
16. 変えられないことよりも、変えられることにエネルギーを注ぐことが大切だと思える
17. 新しいことに挑戦することは、素晴らしい人生の扉を開く
18. 後悔のない人生を送るよう心がけている（死ぬ間際に後悔のない人生だと思える）
19. すぐに成果が出なくても待つことができる
20. 逆境を乗り越えることで、人は大きく成長できると思える
21. 思ったらすぐ行動するほうだ
22. 先延ばしなどの習慣があっても、自分を許すことができる
23. 心を許せて話せる相手が一人以上いる
24. 人と話すことに喜びを感じる
25. 頭は使えば使うほど、よくなると思っている
26. 好きなことをするほど、人の能力は開花しやすい
27. ほめられたら素直に相手に感謝できる

28. 鼻歌をよく歌う
29. 自分は運がよいと思う
30. 夢中になって打ち込めることがある（趣味、仕事、音楽、運動、食事など）
31. 身の回りのものに常に感謝している
32. 人に貢献できることにやりがいを感じる
33. 人生はいつでも変えることができる
34. どんな人にも必ずそれぞれの役割があって生まれている
35. 生まれ変わっても自分に生まれたいと思う

＊設問「4」「9」「10」「13」のみ『当てはまらない→２点』『たまにある→１点』『当てはまる→０点』に変更して、合計点を計算してください。

合計スコア　□　／**70点**

自己肯定感チェックの結果

【合計点：57〜70点】 Aスコア（肯定レベル高）
→ 素晴らしい自己肯定感。本来の能力を発揮できている

【合計点：43〜56点】 Bスコア（肯定レベル中上）
→ 高めの自己肯定感。より高めることで才能が開花

【合計点：29〜42点】 Cスコア（肯定レベル中）
→ 平均的な自己肯定感。人からほめられたことを素直に受け止めることで、より成長していく

【合計点：14〜28点】 Dスコア（肯定レベル低）
→ 成長途中の自己肯定感。自己肯定感の高い人と付き合うことで自然と成長していく

【合計点：0〜13点】 Eスコア（肯定レベル極低）
→ 親の影響で自己肯定感が左右されている可能性。伸び代が最も大きいため、小さなことから自分を認めていく作業が大切

結果はいかがだったでしょうか？　もし、よくない結果だったとしても「やっぱり自分はダメなんだ」と思わないようにしてください。なぜなら自己肯定感は、大人になってから、いくらでも向上させていくことができるからです。私が開催している講座でも、いくつかワークショップを体験していただくことで、最初は低かった自己肯定感が終了後には高くなった方がたくさんいらっしゃいます。

人と比べて「どうして自分は……」と落ち込んだり、できないところばかり思い返して「だから私はダメなんだ」と自己嫌悪したりしてしまう方は、できない自分も自分の一部として受け入れていくことから意識してみてください。

親も人間です。いいところとよくないところが両方あって当然なのです。隣の芝生はとかく青く見えがちですが、どれほど自信がありそうに見える人でも一〇〇％完璧な人間はこの世にいません。

まずは自分で自分にダメ出しをしたくなるところまで含めて、「あるがままの自分」を見つめ直してみましょう。

そのうえで、次にご紹介する「成功日記」をぜひ毎日続けてみてください。ダメな自己イメージは、それまで自分で自分に与えてきた「どうして自分はこうなのか」や「だから私はダメ、できないんだ」という暗示によってつくられています。

その暗示を少しずつ解いていけるのが「成功日記」です。

寝る前に親子で成功日記をつけよう

成功日記は、その日あった「よかったこと」「できたこと」「うまくいったこと」を振り返って、日記につけていくというものです。

日記といわれると「大変そう」「続かない」と思われるかもしれませんが、お気に入りのノートを用意して、そこに短く、数行書くだけで構いません。

「よかったこと」「できたこと」「うまくいったこと」も大げさに考える必要はなく、ささやかなものでいいのです。特別なことである必要もありません。

たとえば、

- 朝すっきり目覚められた
- 初めてつくった料理がうまくできた
- 道端の花がきれいだった
- 今日は怒らないでいられた
- おいしいケーキを食べた
- 子どもに「ありがとう」を言えた
- 予定より一日はやく仕事を仕上げられた
- 「ありがとう」と言われた

など、小さなことでまったく構わないのです。

成功日記のポイントは、寝る前に一日を振り返って、ちょっとでも成功したこと、うれしかったことなどを思い出す作業にあります。この思い出す作業が自己肯定感を低めてしまう自分への暗示を解いていくことにつながるのです。

さらに毎晩記録していくことで小さな成功体験が日記にたまっていきます。幸せに感じたことや自分ががんばっている姿を客観的に知ることができると同時に、それを後から何回も読み返すことで、脳の中に自分のよいイメージが定着していきやすくなります。

成功日記をつけることは子どもの自己肯定感にも効果がありますので、ぜひ親子で一緒にやってみてください。「今日はどんないいことがあった?」と聞きながら、お互いの小さな成功体験を確認し合うのもお勧めです。親子のコミュニケーションも深めてくれるでしょう。

「～すべき」のルールをもち過ぎていませんか?

親が子どもに対してイライラしてしまう原因を調べた研究があります。そこでわかったのは、親が「こうあるべき」と思っていることを子どもがしない場合、親のイライラが高まることでした。

「時間は守らなければいけない」「使ったものは元の場所に戻しておくべき」「食べるときは椅子にちゃんと座っていなくちゃいけない」「親の言うことは聞かなきゃいけない」など、子どもに対して「～すべき」「～でなければいけない」といったルールをもち過ぎていないでしょうか？

「子どもにはこうあってほしい」という思いは、「こんな人に育ってほしい」と思うからこそですが、それ自体が親の理想や期待の押しつけになっていることがあります。

子どもが言うことを聞いてくれない、自分の子育てはうまくいっていないと感じていたら、自分の中にルールをつくり過ぎていないか振り返ってみてください。

親子であっても人格は異なります。子どもは自分とは違う人間と考えることも大切です。自分と子どもは異なる人間と意識することで、子どもには子どもの思いや考えがあると捉えられるようになっていくでしょう。

「こうあってほしい」「こうでなければならない」は、その人自身にとっての譲れない価値観です。けれども個人の価値観であるがゆえ、誰にとってもそれが普通で当たり前というわけではありません。自分にとってのルールであると気づけば、そのルールを子どもに課す頻度を少し減らしていけるようにもなります。

同時に自分自身にもたくさんのルールを課していないか振り返ってみましょう。自分に厳し過ぎることが、「こんなこともできない自分はダメ」という気持ちを引き起こしていることがあるからです。

ルールを破ることに罪悪感を覚えるのが人の一般的な心理です。自分に対するルールが多過ぎると、それが守れなかったときの罪悪感も増えます。自分の自己肯定感を低くしてしまわないように、「～すべき」「～でなければいけない」が多い方は、自分を少し甘やかしてあげることも大切にしてください。

怒りの下に隠れている本当の感情を知る

多くの場合、怒りの感情をもつのはよくないこと、怒ることはマイナスと思われています。けれども怒りは、生物が危険から我が身を守るために備わっている必要不可欠な感情です。怒りを感じること自体は決して悪いことではないのです。問題はしょっちゅうガミガミ言う、感情に任せて叱りつけるといった状況が多いことです。

　怒りっぽい自覚がある方は、すぐに怒りを感じてしまう自分を、できることならどうにかしたいと思っているのではないでしょうか。そこでまずは「怒り」がなぜ起こるのかを理解しておきましょう。

　じつは怒りというのは二次感情として引き起こされているもので、その下には一次感情と呼ばれている本当の感情が隠されています。本当の感情とは「悲しい」「寂しい」「つらい」「苦しい」「不安」などです。

　たとえば子どもが五時までに帰ってくるという約束を守らなかったとき、子どもに対して怒りを感じ、帰ってくるなり叱りつけるといったことがありますね。このときの怒りは「約束を破られて悲しい」「どこにいるかもわからなくて不安」という一次感情が呼び起こしています。

　何回言っても言うことを聞いてくれないことで相手に大きな怒りを感じるときは、「言っていることをわかってもらえなくて悲しい、つらい」が本当の気持ちとしてあるのです。

このように怒りの感情の下には、本当の気持ちがあります。この仕組みを理解していると、二次感情として湧き上がってくる怒りに対して、「この怒りはどうして起こっているの？」と少し冷静に分析する目がもてるようになります。「そうか、約束を破られて私は悲しいんだ」「言っていることをわかってもらえなくてつらいんだ」と理解していれば感情のままに怒鳴りつける、激しく怒るといったことも減っていくことでしょう。

もちろん怒らなければいけない場面では怒る必要があります。その際に怒りの仕組みを知っていると、「五時までに帰ってくるって約束でしょ！」を「五時までに帰る約束を守ってもらえなくて悲しいし、すごく心配だった」と本当の気持ちを伝えて、「だから約束を守ってほしい」という言い方に変えられます。

また怒りの感情はエネルギーを使う分、長続きしません。怒りは六秒でピークを過ぎるといわれていますので、カーッとなったときはゆっくりと数を六つ数えて、ひとつ大きく深呼吸してみてください。怒りが鎮まってから本当の気持ちを伝えるようにすることで、感情のまま相手を怒ることも減っていきます。

ガミガミ、イライラが止まらないときは？

嫌な気持ちはこうして解消しよう！

相手に対して穏やかにいよう、子どもを怒らないでいようと思っていても、人はやはりイライラや怒りを感じてしまうものです。

相手の行動や行為に怒りを覚えてしまうのには理由があることを前述しましたが、ときにわけもなくイライラして怒りっぽくなり、子どもや伴侶に八つ当たり的に怒りをぶつけてしまうといったこともあるのではないでしょうか。

脳の仕組みでいうと、わけもなくイライラしたり、不安や怒りを覚えたりするのは、理性や感情をコントロールしている前頭前野の働きが落ちているからだとわかっています。

たとえば寝不足だったり疲れたりしていると、前頭前野の機能が落ちて、感情を司る扁桃体から生じてくる負の感情を抑制することができず、イライラが止まらなくなるといったことが生じやすいのです。ですからイライラが止まらない、わけもなく怒りっぽくなっているときは、まずはしっかり睡眠をとって心と身体の疲れを取り除くようにしましょう。

さらに次のような方法を試してみてください。イライラした気持ちを緩和したり、イライラや怒りが生じる元を和らげたりすることができます。

◆心地よい香りでリラックスする

香りには感情に作用する効果があるといわれています。淹《い》れたてのコーヒーの香りや焼き立てのパンの香り、ペパーミントやカモミールティーの香りを嗅ぐと、気持ちが和らいだり、リラックスしたりした経験が皆さんにもあると思います。

よい香りを嗅ぐと、それが鼻腔《びくう》を通して脳に届き、感情を司る扁桃体に直接作用して、気持ちを落ち着かせたり、元気を引き出したりする脳内物質の分泌を促してくれることが脳の研究でも明らかにされています。

イライラしているなと思ったら好きな香り、いい香りを嗅いでみましょう。

コーヒーの香りを嗅ぐと人にやさしくなれる、寝不足のときでも元気が出るといった研究報告もあります。またアロマハーブにはラベンダーやカモミール、ローズマリー、ペパーミントなどハーブごとに気持ちをリラックスさせたり、落ち込んだ気持ちを上向かせてくれたりといったいろいろな効果があります。そうした香りの効果を上手に取り入れてみてください。

◆ドロドロした気持ちを紙に書き出す

腹が立ったこと、悔しかったこと、日頃から嫌だけれどがまんしていることを紙に書き出すのもイライラや怒りを小さくするのに効果的です。

米国テンプル大学の研究で、トラウマ体験をした被験者に毎日数分、自分の考えや気持ちを書き出してもらったところ、身体の健康だけでなく、幸福度や自信まで回復したという報告があります。

私たちは過去に感じた嫌な思いや体験を感情とともに記憶しています。感情を司る扁桃体と記憶を司る海馬は近い場所にあるため、感情と記憶はセットで脳にしまい込まれているのです。それを吐き出すのが「書く」という行為なのです。

不思議なことに、同じ感情のアウトプットでも、声に出して誰かに嫌な思いを話すより、文字という形で吐き出すほうが嫌な感情は軽減されていきます。音声は目に見えませんが、文字として言葉を目に見える形にすると、それまで保存していた記憶が吐き出されたと脳が認識するからです。

紙に書き出す作業には二つ大事な点があります。

ひとつめは恨みつらみでも何でも、どんな汚い言葉を使ってもよいので、すべて紙に書き出すということです。一日目ですっきりしなかったら、二日目も書く。そのようにしてマイナス感情がすっかりなくなるまで続けます。作業を続けていくうちにマイナス感情は減っていきます。

二つめは書いたら書きっぱなしにして、人はもちろん、自分も見ないこと。書いたことを直後に読み返したり、振り返ったりしないことが大事なポイントです。

もしくは、書き終えたらその紙をすぐに処分しても大丈夫です。ノートであれば家族も自分も滅多に開けない場所にしまい込んでください。子どものことでイライラしたこと、伴侶に対しての不満などは家族の目に触れないように、シュレッダーにかけるなどして処分してしまうのもひとつの方法かもしれません。

◆嫌な音（声）の音量を小さくする

小さい頃から親の期待に応えることが当たり前となってきた方の場合、それが気づかないうちにトラウマになっていて、厳し過ぎるルールを自分の中につくってしまっていることがあります。

子どもや伴侶がそのルールに従ってくれないことで、常にイライラや怒りを感じてしまう。こうしたイライラや怒りは、「そんなこともできないなんてあなたはダメね」「親の言うことに逆らうなんて生意気だ」など、昔言われた親の言葉が、そのときの嫌な感情とセットになって、声の記憶として脳の中に刻み込まれていることから生じている場合があります。

脳は、それまでに体験したこと、聞いたこと、見たことをすべて記憶しています。そこには視覚の記憶だけでなく、音の記憶というものも存在しているのです。

私たちは音の記憶によって、無意識にその声または音を再現しています。聞こえ方は右耳から聞こえたり、心の中だけだったり、てっぺんから聞こえてきたりといろいろなのですが、親から昔言われたつらい言葉や誰かから言われた嫌な言葉、あるいは自分で自分に刷り込んできたネガティブな言葉などは、脳の中で音として再現され、怒りやイライラ、自己否定といったマイナス感情を呼び起こします。

それを緩和させる方法として、音量を下げるイメージトレーニングがあります。嫌な言葉が聞こえてきたら、目を閉じて、イメージの中で音量を小さくしていくというものです。音量を調整するつまみのようなものをイメージしていただくとよいかもしれません。

視覚野と体感覚はミラーニューロンでつながっているため、イメージの中でつまみを回して音量を小さくしていくと、記憶の音が実際に小さくなっていくのです。

この方法はアメリカでもトラウマの治療としてよく用いられています。兵士として戦場に行き、そのときの爆撃音や激しい銃声などが帰国してからも耳を離れないで苦しんでいる人たちの治療にも使われていて効果をあげています。

「でも」の魔法を使う

イライラして子どもや伴侶にガミガミと言ってしまい、後から「またやってしまった」と自己嫌悪に陥ることは誰にでもあります。やらないほうがいいことはわかっていても、つい言ってしまうことはありますよね。相手に対して不平不満を感じることもあって当たり前です。とはいえ不平不満をストレートに伝えることや、イライラをぶつけてしまう頻度は、少ないに越したことはありません。

それには〝「でも」の魔法〟を活用してみてください。カッときたり、イラッとしたりしたとき、怒りや文句の言葉の後に「でも」をつけて、よい部分をつけ加えるというものです。

「うちのダンナはトイレをすぐ汚すくせに、まったく掃除をしないんだから！」とイライラしたら、「でも出勤するときは毎朝にこにこしながら手を振ってくれる」「でも家族の記念日は忘れないで必ずお祝いしてくれる」と、「でも」をつけて文を締めくくるのです。するとイライラや怒りの気持ちが不思議と収まっていきます。

子どもや伴侶にマイナスの言葉をぶつけてしまったときも、〝「でも」の魔法〟を使うと、相手には「でも」から下の言葉のほうが強く残り、先に言われた嫌な言葉への印象が薄まります。

「出したら元に戻してっていつも言っているじゃない！　なんで守ってくれないの⁉」の後に「でも、疲れていていてもいろいろ家事を手伝ってくれるもんね。助けてもらってるよね」、「おもちゃをこんなふうにしてたらダメでしょ！」の後に「でもお友だちに気持ちよくおもちゃを貸してあげられるやさしい子ね」など、肯定の言葉を続けることで、ダメ出しをしてもほめ言葉につなげていくことができるのです。

脳には、最後にきた言葉が印象づけられるという性質があります。その性質を生かして、締めくくりをプラスの言葉にすることで、「また感情的に叱ってしまった」「あんなことを言うんじゃなかった」と思うことが減っていき、自己否定してしまう気持ちも減らしていくことができます。

また子どもを叱る必要があるときや、してほしくないことを伝えるときは、穏やかに伝えると効果があります。

おもちゃを前に「絶対にこのおもちゃに触らないで！」と厳しい口調で子どもに言った場合と、「このおもちゃに触らないでね」と穏やかに言う場合とで、どちらが言うことを聞くかの実験では、穏やかに伝えたほうが言いつけを守れるとの結果が出ています。

言っている内容は同じでも、言い方を変えるだけで子どもの行動が変わることは少なくありません。こんな違いも知っておかれるとよいと思います。

一日五分「特別な時間」をつくって子どもと遊ぶ

子どもに対してガミガミ言ってしまうことが多いと、子どもも親の言うことを聞いてくれなくなります。それがますます子育てへの自信を失わせたり、自分をダメ親認定してしまったり、親自身の自己否定につながっていくといったよくない循環を起こしやすくします。

子どもとの関係をどうにかしたいとき、子どもを変えようとしてもうまくはいきません。大切なのは親が変わることなのです。

ガミガミ言ってしまうことが多いのであれば、一日五分だけ子どもと遊ぶ「特別な時間(※)」をつくって、一週間ほどそれを続けてみてください。ただし、この「特別な時間」では「やってはいけないこと」と「やってよいこと」が決まっています。

やってはいけない禁止事項が、子どもに「指示する」「否定的に質問する」「意見を言う」の三つです。たとえば子どもとブロック遊びをしているときに、「そのブロックはここに積んだほうがいいんじゃない？」「ブロックで電車ごっこはしないほうがいいよ」は指示、「なんで赤いブロックをそこに置くの？」「どうしてここをこうしないの？」は否定的な質問、「お母さんはこうしたいと思うんだけれど？」「飛行機より自動車のほうがつくりやすいんじゃない？」は意見になります。

子どもと遊んでいる五分間は、こうした言葉を一切封印します。

いっぽう、やってよいのが「ほめる」「子どもの言葉を繰り返す」「子どもの行動を説明する」の三つです。「わあ、すごい！　よく考えたね！」「かっこいいのができたね！」とほめ、「これは怪獣」と言ったら「怪獣なんだね」、「ここは青いブロックにするんだ」と言ったら「青いブロックにするんだね」と子どもの言葉を繰り返します。

子どもの行動を説明するというのは、おもちゃの電車を動かしているときに「電車が動き始めたね」「何かを乗り越えたね」と状況を実況したり、おままごとで「包丁でトントンしてお料理をしているんだね」「お茶をいれているんだね」のようにやっていることを解説してあげたりすることをいいます。

これを一週間ぐらい続けると、子どもの行動を見守ることができるようになり、子どもにイライラする回数が激減します。ガミガミも減っていきます。

子どもは、禁止や指示をされないことで「お母さんと遊ぶのは楽しい」「うれしい」という気持ちになり、やりたいことをやりたいようにできることで「親に自主性を認めてもらえている」という気持ちが生まれます。親への信頼感から、言うことを聞いてくれるようになり、問題行動もしなくなっていくのです。

特別な遊び時間のスキルは、小学生になって以降も活用できます。子どもが小学校に上がると、とくに「勉強しなさい」「片付けはいつやるのよ?」「それよりもこっちをやったほうがいいんじゃないの?」などのNGスキルが増えがちです。日常の中で「指示する」「否定的に質問する」「意見を言う」の三つを減らし、「ほめる」「子どもの言葉を繰り返す」「子どもの行動を説明する」の三つを意識して増やすことで、親子のコミュニケーションと信頼関係をよいものにしていくことができるでしょう。

(※)親子相互交流療法の手法を一部改変しています。

笑顔の写真を置くだけでイライラが減る

笑顔がストレスを軽減させる、イライラの緩和に役立つことは脳科学的にも証明されています。親が笑顔でいると、ミラーニューロンの作用で子どもも明るく幸せな気持ちになるので、親のストレス解消と子どもの脳と心の成長を考えても笑顔を増やすことは大切です。

なかには「笑顔をつくることが難しい」「笑顔になれるような心の余裕がない」という方もいらっしゃるでしょう。笑顔になれないことで、そんな自分にまた罪悪感をもってしまう可能性もあります。ですから無理に笑顔になる必要はありません。代わりに笑顔で写っている家族写真を飾りましょう。

笑顔の写真を置くと、笑顔をつくるのと同じ効果があります。ミラーニューロンによって、写真を見ているだけで笑顔をつくっているときと同じような状態が再現されるからです。実際に笑顔を増やすことがいちばんなのですが、工夫することで笑顔と同じ効果を得られる環境がつくれます。家族の幸せそうな写真をたくさん飾っている家庭ほど、やはり家の中に笑顔が多いものです。

今はスマホで写真を撮ることのほうが多いですが、ぜひ写真をプリントしてキッチンやリビングに飾ってみてください。気持ちが和らぎ、ストレス緩和に役立ってくれるでしょう。

手抜き、息抜きも大事にしよう

完璧にやろうとしなくていい

子育てでストレスをためない秘訣は「完璧にやろうとしない」ことです。完璧にやろうとすればするほど、できないことに自信を失い、「自分はダメな親だ」とマイナスの自己イメージを強めてしまいます。

完璧な子育てというものはありません。子どもの性格や資質はいろいろです。うまく育てているように見えるお母さんも実際はみんな手探りなのです。手探りですから、ときには失敗することもあります。

もし子育てで成功しているように見える人がいたら、そうした失敗も受け入れ、自分のダメなところや至らないところも認めて、自然体で子どもと接することができているからでしょう。

ビジネスでも子育てでも、完璧にやろうとすればどこかで挫折します。また「完璧な親でいなければいけない」と思っていると親自身がリラックスできず、その緊張が子どもに伝わって、かえって子どもの能力を伸ばすことができなくなります。

ですから肩の力を抜いて「親だって人間だから失敗や欠点があって当たり前」と思い、ラクな気持ちで子どもと向き合っていきましょう。そのほうが子どももリラックスして、結果的に子育てはうまくいくことがあります。

がんばり過ぎてつらさを感じたら「まあ、いいか」の気持ちで手抜きをしたり、「今日は自分を休ませる」と考えて息抜きをしたりしましょう。完璧であることより、上手に手を抜いて楽しく子育てしていくほうが子どもはよく育ちます。

何だか疲れているな、気持ちが元気にならないなというときは、顔を上げて大股で歩くことも意識してみてください。歩き方と感情には関係性があって、大股で歩くと幸福度や日々の満足度が明らかに高まるという海外研究の結果があります。

私が見ていても、子育てに疲れていたり、自信がもてないでいたりする方は、目線が下向きで歩幅が小さくなっている場合が少なくないようです。そのような歩き方を変えるだけで脳が元気になり、気持ちも上向いていきます。

お父さんにも協力してもらうには？

お母さんが息抜きできるようになるためには、お父さんの協力が欠かせないときもあります。お母さんだけに子育ての負荷がかかってしまうワンオペ育児になっていると、心にゆとりがなくなり、子どもの成長にもよくない影響を与えがちです。

海外のさまざまな研究からも、父親が積極的に子どもと関わることで、子どものいろいろな能力が伸びていくことがわかっています。

たとえば、父親が本の読み聞かせをしたり、父親との会話が多かったりする子ほど語彙力が増えて言語能力や想像力が高まる、お父さんと行動することが多い子ほど「困難を乗り越える力」や「やり抜く力」が高まるといった報告があります。ほかにも父親との関係が良好な子は情緒的に安定して、キレるなどの衝動的な行動が少なく、非行に走ることも少ないとされています。

父親が子育てに参加することは、お母さんがラクになるだけでなく、子どもの脳や心の発達にもよい影響を与えてくれるのです。

とはいえ「仕事で忙しいお父さんに子育てへの協力は頼みづらい」「言ってはい

るけれど協力してくれない」といった声もお母さん方からよく聞きます。そこでお父さんに協力してもらうための秘訣をご紹介しておきましょう。ポイントは男性脳の仕組みをうまく使うことです。

①「権威」の力を借りる

権威に弱い傾向にあるのが男性です。その道の権威や広く尊敬されている人の言葉は意外と素直に受け入れてくれます。とくに歴史上の人物でも、大きなことを成し遂げた経営者でも、自分自身が尊敬している人、好きな人が「こう言っていた」という話は、「それは大事なことだ」と認知する傾向が男性にはあります。ですから「有名な脳科学者がこう言っていた」「イノベーターとして成功している○○さんがこう言っていた」などの枕詞《まくらことば》をつけて、「だからお父さんが子育てに参加するのって大事なんだって」ともっていくのも方法です。

②男性は「科学的データ」に弱い

科学的データに弱い人が多いのも男性の特性です。本書の中でも、いくつか海外の調査研究や実験結果などをご紹介していますが、大規模調査や何十年にもわたる追跡調査の結果はやはり信頼性があり、説得力もあります。

冒頭で紹介した調査結果も、海外の大学や専門家たちが子どもたちを対象に調べたうえで明らかとなっていることですので、「お父さんが子どもと会話する家庭ほど、子どもの言語能力や情緒面にいい影響があるんだって」と、データを使って子育て参加の大切さを伝えていくようにするとよいかもしれません。

講座の中でそのようにお伝えして、実践してみたお母さん方からは「お父さんが協力的になった」「張り切って子どもと遊んでくれるようになった」などの声も出てきています。権威とデータは、お父さんを動かす秘密兵器です。

③直接的・間接的にほめる

おだてると木に登りやすい傾向は、女性より男性のほうが強いといえるかもしれません。「お父さんはすごいね」「さすがパパだわ」とほめられると、何も言わなくても手助けや手伝いをしてくれるようになる可能性があります。

子育てでも、「パパがおもちゃを直してくれたって〇〇がすごく喜んでたよ」「パパとお出かけしたことがすごくうれしかったみたいで、ずっとその話をしていたのよ」「私が本を読むより、パパに読んでもらっているときのほうが楽しそうな顔をしているのよね」など、お父さんが子どもと関わってくれたときは、「さすがパパ」とすかさずほめるとよいでしょう。

「子どもを育てるだけでも大変なのに、そこまでしなきゃいけないの？　めんどくさーい」と思わず、夫もほめて伸ばしていくというふうに気持ちを切り替えてみることもよいかもしれません。その結果は、お母さんの子育てがラクになる、子どもの力がより伸びるといったプラス面を伴って返ってきます。

もうひとつ、とっておきの方法があります。子どもに向かってお父さんのことをほめる、です。お父さんのタイプによっては、面と向かってのほめ言葉を受け取らない場合があります。お母さんが直接ほめると、「いつもこんなことは言わないのに、どうしたんだ？　何か裏があるんじゃないか？」と考えて、素直にほめ言葉を受け入れてくれないことがあるのです。

そうした用心深いお父さんでも、子どもから「ママが、パパはこんなことができてすごいんだよって言ってた」「パパは釣りが上手だから、今度連れて行ってもらったらってママが言ってた」「パパがこうしてくれたって、ママがうれしそうに言ってたよ」と聞くと、すんなりとほめ言葉を受け入れてくれます。

心理学的にも、第三者から間接的にほめ言葉を聞くほうが、ほめる効果は高くなることがわかっているので、子どもを介してほめることも意識してみてください。

この方法のいちばんのよさは、子どもにもお父さんのすごさが伝わって、子ども自身がお父さんを尊敬したり、大好きになったりしていけるところにあります。夫婦仲もよくなっていきやすく、仲のよい両親の姿を見て育つことで子どもの心が安定し、自己肯定感の高い子になっていくでしょう。

子育ての期間は、長いようでいて短いものです。しかも脳や心の成長を考えたとき、親が直接サポートしてやれる時期は、せいぜい小学生の間ぐらいまでかもしれません。子どもが思春期を迎えてからは親の直接の出番はうんと減ってしまいます。

私も現在三歳の息子がいますが、子どもが泣きわめいて私が困っているとき、妻がこんなことを教えてくれたことがありました。

「子どもがこんなに自分を求めてくれるのは、今だけかもよ。いずれ離れて抱っこしてとも言われなくなると思うと、今この瞬間がとても愛おしく思えるんだ」

この言葉を聞いて、私はハッとして反省させられたと同時に、これまで見えていた世界が一瞬で変わってしまったのを今でもよく覚えています。

子どもは私たちが見ていないところでどんどん成長していきます。そして、今この瞬間はもう二度と帰ってくることはありません。

子育ては大変なこともありますが、時間と労力をかけた分だけ、生涯にわたって私たちにたくさんの喜びと幸せ、そして数多くの人生の豊かさをもたらしてくれます。子どもと一緒に乗り越えた体験は人生における大きな財産のひとつになっていくでしょう。

私もまだまだですが、これからたくさんの体験を乗り越えながら、家族と一緒に成長していきたいと思います。

本書の内容は私が脳を研究する科学者として大切だと思うもの、今伝えたいことを書かせていただきましたが、これからの光り輝く世界を生きる子どもたちのために、少しでもお役に立てることを心から願っています。

〈著者略歴〉
西 剛志（にし・たけゆき）

脳科学者（工学博士）、T&Rセルフイメージデザイン代表。1975年生まれ、鹿児島県出身。東京工業大学大学院生命情報専攻修了。2002年博士号（分子生物学）を取得後、（一財）知的財産研究教育財団知的財産研究所に入所、2003年特許庁入庁。大学院非常勤講師を兼任しながら、遺伝子や脳内物質に関する仕事を手掛ける。2008年にT&Rセルフイメージデザインを設立。企業や個人に向け、脳科学に基づいたコンサルタント業務・講演・執筆業務を行なう。現在は教育分野でも活躍し、教育関係者や保護者向けの講演・カウンセリング・コーチングなども行なっている。著書に『一流の子育てQ&A』（ダイヤモンド社）がある。公式HP http://www.trdesign.jp

装幀・本文イラスト　いわにしまゆみ
装幀デザイン　村田 隆（bluestone）
本文デザイン・組版　朝日メディアインターナショナル株式会社
編集協力　八木沢由香

脳科学者が教える
子どもの自己肯定感は3・7・10歳で決まる

2020年4月2日　第1版第1刷発行
2023年2月9日　第1版第10刷発行

著　者　西 剛志
発行者　村上雅基
発行所　株式会社PHP研究所
京都本部　〒601-8411　京都市南区西九条北ノ内町11
〔内容のお問い合わせは〕教 育 出 版 部 ☎075-681-8732
〔購入のお問い合わせは〕普及グループ ☎075-681-8818
印刷所　図書印刷株式会社

ISBN978-4-569-84604-0